This Book Comes With Free Bonus Puzzles
Available Here:

BestActivityBooks.com/WSBONUS20

5 TIPS TO START!

1) HOW TO SOLVE

The Puzzles are in a Classic Format:

- Words are hidden without breaks (no spaces, dashes, ...)
- Orientation: Forward & Backward, Up & Down or in Diagonal (can be in both directions)
- Words can overlap or cross each other

2) ACTIVE LEARNING

To encourage learning actively, a space is provided next to each word to write down the translation. The **DICTIONARY** allows you to verify and expand your knowledge. You can look up and write down each translation, find the words in the Puzzle then add them to your vocabulary!

3) TAG YOUR WORDS

Have you tried using a tag system? For example, you could mark the words which have been difficult to find with a cross, the ones you loved with a star, new words with a triangle, rare words with a diamond and so on...

4) ORGANIZE YOUR LEARNING

We also offer a convenient **NOTEBOOK** at the end of this edition. Whether on vacation, travelling or at home, you can easily organize your new knowledge without needing a second notebook!

5) FINISHED?

Go to the bonus section: **MONSTER CHALLENGE** to find a free game offered at the end of this edition!

Want more fun and learning activities? It's **Fast and Simple!**
An entire Game Book Collection just **one click away!**

Find your next challenge at:

BestActivityBooks.com/MyNextWordSearch

Ready, Set... Go!

Did you know there are around 7,000 different languages in the world? Words are precious.

We love languages and have been working hard to make the highest quality books for you. Our ingredients?

A selection of indispensable learning themes, three big slices of fun, then we add a spoonful of difficult words and a pinch of rare ones. We serve them up with care and a maximum of delight so you can solve the best word games and have fun learning!

Your feedback is essential. You can be an active participant in the success of this book by leaving us a review. Tell us what you liked most in this edition!

Here is a short link which will take you to your order page.

BestBooksActivity.com/Review50

Thanks for your help and enjoy the Game!

Linguas Classics Team

1 - Food #1

```
M  A  A  P  Ä  H  K  I  N  Ä  H  L  T  P
S  A  L  A  A  T  T  I  R  Z  M  T  U  Ä
U  K  P  B  A  S  I  L  I  K  A  H  N  Ä
P  Z  E  R  S  I  T  R  U  U  N  A  F  R
P  B  Z  P  I  L  T  L  I  C  S  P  I  Y
E  R  B  V  J  K  O  H  R  A  I  I  S  N
N  A  U  R  I  S  O  K  S  N  K  N  Ä
V  N  S  I  N  Y  P  O  R  K  K  A  N  A
K  A  N  E  L  I  S  S  S  L  A  A  S  E
M  Q  M  S  R  Q  U  I  D  I  F  T  O  G
O  U  L  E  E  P  O  P  H  O  M  T  K  Y
I  I  Y  W  H  B  L  U  V  P  O  I  E  C
M  A  I  T  O  U  A  L  E  F  J  S  R  D
Y  V  A  L  K  O  S  I  P  U  L  I  I  A
```

APRIKOOSI	MAAPÄHKINÄ
OHRA	PÄÄRYNÄ
BASILIKA	SALAATTI
PORKKANA	SUOLA
KANELI	SUPPE
VALKOSIPULI	PINAATTI
MEHU	MANSIKKA
SITRUUNA	SOKERI
MAITO	TUNFISK
SIPULI	NAURIS

2 - Castles

```
J  P  E  P  T  O  K  E  N  Y  V  G  U  M
K  D  R  R  O  H  Q  M  K  K  I  L  P  I
A  Q  I  I  R  W  H  P  O  S  K  O  C  E
T  Z  T  N  N  O  R  I  N  I  R  H  E  K
A  P  A  S  I  S  B  R  G  S  U  I  H  K
P  J  R  E  Q  Y  S  E  E  A  U  K  E  A
U  A  I  S  S  F  I  I  R  R  N  Ä  V  P
L  L  L  S  S  E  V  H  I  V  U  Ä  O  A
T  O  N  A  C  K  I  M  K  I  V  R  N  N
T  Q  P  U  T  C  H  N  E  N  G  M  E  S
I  J  O  K  A  S  Y  O  Ä  E  F  E  N  S
F  Ø  Y  D  A  L  I  G  I  N  H  E  B  A
D  Y  N  A  S  T  I  A  Q  C  L  I  Z  R
D  C  L  I  N  N  O  I  T  U  S  P  H  I
```

PANSSARI	RITARI
KATAPULTTI	JALO
KRUUNU	PALATSI
LOHIKÄÄRME	PRINSSI
DYNASTIA	PRINSESSA
EMPIRE	KILPI
FØYDAL	MIEKKA
LINNOITUS	TORNI
HEVONEN	YKSISARVINEN
KONGERIKE	SEINÄ

3 - Exploration

```
O  R  P  E  V  M  D  E  H  I  I  M  P  L
P  M  I  V  A  K  F  L  S  E  S  A  Ä  W
S  I  T  E  A  A  O  Ä  N  K  I  T  Ä  H
M  A  A  V  R  V  W  I  O  R  K  K  T  V
T  E  C  J  A  R  F  M  A  O  C  U  T  A
N  I  E  L  T  G  V  E  J  H  Q  S  Ä  A
T  H  L  Ö  Y  T  Ö  T  Ä  K  P  T  V  R
O  O  K  A  U  K  A  I  N  E  N  A  Ä  A
K  P  I  O  U  U  I  W  N  U  V  A  I  L
I  H  P  M  S  W  R  J  I  T  I  A  S  L
E  O  L  I  I  P  Q  E  T  T  L  I  Y  I
L  B  N  O  A  N  I  Q  Y  A  L  S  Y  N
I  Y  W  Y  D  C  T  W  S  L  I  J  S  E
U  U  P  U  M  U  S  A  Z  S  N  Y  B  N
```

TOIMINTA	KIELI
ELÄIMET	UUSI
ROHKEUTTA	VAARALLINEN
PÄÄTTÄVÄISYYS	TILA
LÖYTÖ	MAA
KAUKAINEN	OPPIA
JÄNNITYS	MATKUSTAA
UUPUMUS	VILLI
VAARAT	

4 - Measurements

```
M A D J K L P D M D K T P S
T A V U O M A D I E I O Z E
U L T C R S I R N S L N Z N
U E I Q K N N G U I O N M T
M V L H E N O Z U M G I B T
A E A F U Z N J T A R U F I
J Y V H S A P O T A A Z M M
K S U U N S S I I L M H I E
Y T U W P T M L T I M W T T
J H S J N E W A I U A W T R
S Y V Y S T B S T U E A I
K I L O M E T R I S R S R T
V U C H G R A M M A A A I T
M K K F Y Y I R C I F K N F
```

TAVU
SENTTIMETRI
DESIMAALI
ASTE
SYVYYS
GRAMMA
KORKEUS
TUUMA
KILOGRAMMA
KILOMETRI

PITUUS
LITRA
MASSA
MITTARI
MINUUTTI
UNSSI
TONNI
TILAVUUS
PAINO
LEVEYS

5 - Farm #2

```
J  V  T  L  G  V  B  K  L  O  A  P  K  V
O  H  R  A  A  G  I  F  O  P  N  A  A  I
Z  E  U  J  W  A  N  L  S  U  K  I  S  H
H  D  O  E  O  E  M  I  J  F  K  M  T  A
F  E  K  L  Q  N  A  A  I  E  A  E  E  N
T  L  A  Ä  C  L  I  Z  L  T  L  N  L  N
R  M  A  I  T  O  S  S  T  P  T  I  U  E
A  Ä  M  M  B  T  S  L  A  T  O  Y  J  S
K  T  C  E  J  T  I  V  E  H  N  Ä  W  Ä
T  A  V  T  L  A  M  M  A  S  H  R  B  Y
O  R  K  A  R  I  T  S  A  M  D  A  U  Y
R  H  E  D  E  L  M  Ä  O  U  S  N  E  R
I  A  T  U  U  L  I  M  Y  L  L  Y  P  T
V  F  I  N  V  T  S  G  S  W  S  J  U  I
```

ELÄIMET	LAAMA
OHRA	NIITTY
LATO	MAITO
MAISSI	HEDELMÄTARHA
ANKKA	LAMMAS
VILJELIJÄ	PAIMEN
RUOKA	TRAKTORI
HEDELMÄ	VIHANNES
KASTELU	VEHNÄ
KARITSA	TUULIMYLLY

6 - Books

```
R K E R T O J A M F M T E T
S O M T U K C V M T E E E A
E N M R U N O U S V R K P R
I T Y A Z M O K L J K I P I
K E I A A Y A B O J K J I N
K K Y G H N D A Y E I Ä N A
A S U I L U I Y V N L N E B
I T R N Z G P N R B G M N L
L I R E L E V A A N T I A U
U T K N K N I Q U K Q V S K
K E K S E L I Ä S F B Q I I
K A K S I N A I S U U S V J
P S A R J A C B W M S Y U A
H U M O R I S T I N E N Z E
```

SEIKKAILU	ROMAANI
TEKIJÄ	SIVU
MERKKI	RUNO
KOKOELMA	RUNOUS
KONTEKSTI	LUKIJA
KAKSINAISUUS	RELEVAANTIA
EEPPINEN	SARJA
HUMORISTINEN	TARINA
KEKSELIÄS	TRAAGINEN
KERTOJA	

7 - Meditation

```
O  Y  H  M  H  E  N  K  I  S  T  Ä  M  S
T  S  K  I  U  D  L  I  I  K  E  H  Y  E
T  T  I  A  L  S  M  I  E  L  I  E  Ö  L
I  Ä  I  A  H  J  I  U  Y  A  U  N  T  K
N  V  T  J  P  E  A  I  F  M  C  G  Ä  E
Ä  Ä  O  A  H  Y  R  I  K  C  B  I  T  Y
K  L  L  T  U  N  N  E  S  K  P  T  U  S
Ö  L  L  U  O  N  T  O  I  U  I  Y  N  R
K  I  I  K  M  K  G  G  I  L  U  S  T  A
U  S  S  S  I  O  P  P  I  A  L  S  O  U
L  Y  U  I  O  U  Z  N  R  T  Q  Ä  Y  H
M  Y  U  A  U  Z  H  A  J  V  U  I  J  A
A  S  S  R  A  U  H  A  L  L  I  N  E  N
H  Y  V  Ä  K  S  Y  M  I  N  E  N  O  H
```

HYVÄKSYMINEN	HENKISTÄ
HUOMIO	MIELI
HEREILLÄ	LIIKE
HENGITYS	MUSIIKKI
RAUHALLINEN	LUONTO
SELKEYS	RAUHA
MYÖTÄTUNTO	NÄKÖKULMA
TUNNE	HILJAISUUS
KIITOLLISUUS	AJATUKSIA
YSTÄVÄLLISYYS	OPPIA

8 - Days and Months

```
M A A N A N T A I B M K H V
S T K S Y Y S K U U A U E U
U A D U H U V G E U R U L O
N M P D L J B E B K R K M S
N M H H V A H L L P A A I I
U I U V I Z A O Y A S U K M
N K H E I N Ä K U U K S U A
T U T F K T E U K M U I U A
A U I Y K K O U H C U M E L
I E K N O P E R J A N T A I
L A U A N T A I S L W F P S
N M U K K A L E N T E R I K
L O K A K U U A Z B A N H U
T I I S T A I V T K R I R U
```

HUHTIKUU	MARRASKUU
ELOKUU	LOKAKUU
KALENTERI	LAUANTAI
HELMIKUU	SYYSKUU
PERJANTAI	SUNNUNTAI
TAMMIKUU	TORSTAI
HEINÄKUU	TIISTAI
MAALISKUU	VIIKKO
MAANANTAI	VUOSI
KUUKAUSI	

9 - Chess

```
S T R A T E G I A V O E L K
Ä K U N I N G A T A R H P N
Ä M U S T A H A A S T E E T
N Y U P P H S U D T J C L P
N Q M E S T A R I U V T A A
Ö C P L P Z O N T S A Q A S
T N R I M W R R W T L Q J S
K U N I N G A S E A K Z A I
F S V N O P P I A J O Y R I
T U R N A U S B A A I F C V
D I A G O N A A L I N E N I
M L N V U T W W I P E T C N
L K R D S Y A I K A N F N E
K I L P A I L U H R A T A N
```

MUSTA	PELAAJA
HAASTEET	KUNINGATAR
MESTARI	SÄÄNNÖT
KILPAILU	UHRATA
DIAGONAALINEN	STRATEGIA
PELI	AIKA
KUNINGAS	OPPIA
VASTUSTAJA	TURNAUS
PASSIIVINEN	VALKOINEN

10 - Food #2

```
D N B B D B O I R R W W S C
M J F A M C M T Y I W E E F
P U Q C N U E U P I V B L T
A U N Y T A N I Ä S J I L O
R S S A H A A A L I I P E M
S T B E K U I N E D U J R A
A O G P C O K S I E N I I A
K V E H N Ä I K A N A P B T
A N N Z T Z R S U K L A A T
A G I N W I S N O K I I V I
L E K D O Z I H C A R Y J W
I T J K I N K K U L K J H N
A R T I S O K K A A M Z P C
R W F Z W I A U P I Z K Y C
```

OMENA
ARTISOKKA
BANAANI
PARSAKAALI
SELLERI
JUUSTO
KIRSIKKA
KANA
SUKLAA
MUNA

MUNAKOISO
KALA
RYPÄLE
KINKKU
KIIVI
SIENI
RIISI
TOMAATTI
VEHNÄ

11 - Family

```
V E L J E N T Y T Ä R P G L
A S E R K K U Y S T Ä T I V
I E Y P Z F B I T Ä I T I W
M T R Z Q M L V A Ä I D I N
O Ä D R Q R P O M G R W S W
B U R F P J U J F L P G Ä R
L L A P S E N L A P S I N Z
U A L A P S I I R L O H Q R
N P P I I C N E V F T Y T P
A S I S K O L D S C G W F I
F E T O U K J A V M I E S O
J T J I Z U Z A E E K R B H
K C K S F O S U M L L T M J
M O F Ä P O J A N P O I K A
```

STAMFAR	POJANPOIKA
TÄTI	MIES
VELI	ÄIDIN
LAPSI	ÄITI
LAPSUUS	VELJENTYTÄR
LAPSET	ISÄN
SERKKU	SISKO
TYTÄR	SETÄ
LAPSENLAPSI	VAIMO
ISOISÄ	

12 - Farm #1

```
U  K  Y  K  H  V  B  S  O  S  D  G  H  H
T  S  T  I  F  A  S  I  E  M  E  N  E  T
L  V  E  S  I  R  N  R  I  I  S  I  I  T
E  A  A  S  I  I  R  Y  P  S  K  A  N  A
H  I  N  A  F  S  A  H  I  P  O  G  Ä  K
M  T  H  N  T  S  T  J  U  I  I  N  Z  E
Ä  A  E  F  O  H  L  H  L  N  R  I  N  N
V  U  O  H  I  I  N  G  V  M  A  S  W  T
A  A  J  T  O  R  T  Y  C  E  Z  J  V  T
V  A  S  I  K  K  A  E  O  K  Q  V  A  Ä
M  A  A  T  A  L  O  U  S  V  V  J  C  D
L  D  G  A  H  E  V  O  N  E  N  S  R  G
M  E  H  I  L  Ä  I  N  E  N  S  M  R  Y
Q  B  K  E  F  H  Q  F  U  N  N  E  D  I
```

MAATALOUS	AITA
MEHILÄINEN	LANNOITE
BIISON	KENTTÄ
VASIKKA	VUOHI
KISSA	HEINÄ
KANA	HUNAJA
LEHMÄ	HEVONEN
VARIS	RIISI
KOIRA	SIEMENET
AASI	VESI

13 - Camping

```
V H M E T S Ä S T Y S A C K
M U Y R E T Y B L U O N T O
C J O Ö K Q M W W C R T H K
R U Ä R N H K A R T T A A O
I P T R I T F D N J G A U M
I U M M V O E H K U U P S P
P U V A R I M I A V Z O K A
P K Ö Y S I Q H N J E T A S
U M Ö K K I O A O E R K A S
M E Z F Q H T T O O N U Q I
A T E L T T A T T E U T L B
T S V L K V R U T I S B G P
T Ä S E I K K A I L U W O P
O E L Ä I M E T T W F U O W
```

SEIKKAILU	METSÄSTYS
ELÄIMET	HYÖNTEINEN
MÖKKI	JÄRVI
KANOOTTI	KARTTA
KOMPASSI	KUU
ANTAA POTKUT	VUORI
METSÄ	LUONTO
HAUSKAA	KÖYSI
RIIPPUMATTO	TELTTA
HATTU	PUU

14 - Conservation

```
L U O N N O L L I N E N L T
R H E M K Y P F D F I J W E
V U K V O N M U R O D L K R
K O O B T A Z P Y R U F I V
K L S Y K L I O Ä U T S E E
O E Y V M O G Y J R N A R Y
U N S E I J Y D W E I V R S
L A T T F H K D Y N L S Ä N
U I E U Ä O R D O S M I T W
T H E U K V K E L N A R T Ö
U E M B R D Ä D Ä I S S Ä D
S Z I N F N T K T N T Z Ä Z
V Ä H E N T Ä Ä H G O F V K
T O R J U N T A A I N E S W
```

ILMASTO

HUOLENAIHE

SYKLI

EKOSYSTEEMI

KOULUTUS

YMPÄRISTÖ

VIHREÄ

TERVEYS

LUONNOLLINEN

TORJUNTA-AINE

FORURENSNING

KIERRÄTTÄÄ

VÄHENTÄÄ

KESTÄVÄ

15 - Cats

```
I  G  S  V  L  J  W  D  H  F  T  T  H  R
H  A  A  B  T  L  J  D  Q  Z  A  U  U  I
J  R  N  O  P  E  A  S  T  I  S  R  L  I
S  A  U  I  K  Q  O  N  I  T  S  K  L  P
F  O  K  M  U  U  J  H  K  P  U  K  U  P
Q  G  K  E  V  T  R  A  O  A  T  I  L  U
K  P  U  T  I  E  F  H  A  U  S  K  A  M
N  Y  A  S  L  L  E  I  K  K  I  S  Ä  A
S  R  N  Ä  L  I  T  I  G  A  H  Y  Z  T
J  S  H  S  I  A  L  R  H  L  M  E  I  O
U  T  F  T  I  S  F  I  D  F  D  U  O  N
K  Ö  L  Ä  V  Ä  O  V  P  B  F  J  J  J
Y  O  L  J  G  U  F  R  G  W  A  O  W  P
V  Ä  H  Ä  N  T  Y  J  W  G  L  C  N  J
```

KYNSIÄ   HIIRI
HULLU   TASSU
UTELIAS   LEIKKISÄ
NOPEASTI   UJO
HAUSKA   NUKKUA
TURKKI   PYRSTÖ
METSÄSTÄJÄ   VILLI
RIIPPUMATON   LANKA
VÄHÄN

16 - Numbers

```
D K Y I I E L S K N O L L A
E Y H L N V D E C U I V C V
S M D N Y K S I K M U P H I
I M E E K U U T A A T S C I
M E K L A U S S K U K I I S
A N S J H S I E S A K S C I
A E Ä Ä D I W M I N P Z I G
L N N T E T Q Ä T Q E N V I
I T W O K O Q N O T S L L T
T V I I S I T O I S T A J U
W D Y S A S T D S N Z J L Ä
F Y P T N T T Z T O G H Z L
E P I A G A B O A K O L M E
M A T E M A T I I K K A P D
```

DESIMAALI	SEITSEMÄN
KAHDEKSAN	KUUSI
VIISITOISTA	KUUSITOISTA
VIISI	KYMMENEN
NELJÄ	KOLME
NELJÄTOISTA	KAKSITOISTA
MATEMATIIKKA	KAKSI
YHDEKSÄN	NOLLA
YKSI	

17 - Spices

```
C M K Y N S I P A P R I K A
S U A I N K I V Ä Ä R I M N
U P R U L A K R I T S I A I
O I K R S M H D G F E L K S
L P A H Y T Z I B O G M U F
A P T W S E E J E F R A M M
S U K Q D K J S K U M I N A
I R E U J A E A A A R Q U K
P I R S Z R A C N H N G W E
U Q A F E N K O L I R E F A
L K O R I A N T E R I A L G
I K A R D E M U M M A Q M I
V A L K O S I P U L I V P I
V A N I L J A U P Y Q W Y R
```

ANIS	VALKOSIPULI
KATKERA	INKIVÄÄRI
KARDEMUMMA	LAKRITSI
KANELI	SIPULI
KYNSI	PAPRIKA
KORIANTERI	PIPPURI
KUMINA	MAUSTESAHRAMI
CURRY	SUOLA
FENKOLI	MAKEA
MAKU	VANILJA

18 - Mammals

```
S  L  H  E  V  O  N  E  N  Y  L  T  T  B
K  I  S  S  A  A  Q  D  V  K  A  R  H  U
C  O  E  N  P  M  L  Q  S  H  M  D  A  K
G  N  I  I  M  B  A  U  J  M  E  Q  E
D  O  E  R  N  V  S  J  S  U  A  L  K  T
P  R  R  K  A  M  E  L  I  L  S  F  E  T
H  S  G  I  K  O  J  O  O  T  T  I  N  U
H  E  Q  R  L  W  J  Y  D  J  R  I  G  A
H  E  W  A  E  L  D  A  H  B  A  N  U  T
Ä  P  I  H  I  N  A  U  E  C  V  I  R  S
R  R  F  V  J  C  V  V  W  K  E  O  U  H
K  A  N  I  O  B  F  R  T  Y  G  V  G  P
Ä  P  U  O  N  O  R  S  U  T  A  J  B  U
U  N  P  W  A  A  O  N  E  M  U  N  C  Z
```

KARHU	GORILLA
HÄRKÄ	HEVONEN
KAMELI	KENGURU
KISSA	LEIJONA
KOJOOTTI	APINA
KOIRA	KANI
DELFIINI	LAMMAS
NORSU	VALAS
KETTU	SUSI
KIRAHVI	SEEPRA

19 - Fishing

```
O  V  E  R  D  R  I  V  E  L  S  E  G  S
V  L  P  A  I  N  O  E  V  E  S  I  J  Y
G  A  E  M  F  U  D  N  K  V  N  L  E  Ö
R  M  L  U  K  Z  G  E  O  Ä  Y  A  L  T
R  V  J  T  K  O  C  A  U  T  B  I  L  T
R  A  N  T  A  A  R  T  K  J  D  T  E  I
V  P  Y  A  U  M  Z  I  K  E  P  T  N  N
V  L  K  C  S  Y  E  C  U  M  K  E  E  P
S  C  B  Z  I  J  Ä  R  V  I  O  E  A  S
O  G  W  L  N  Z  B  W  I  Z  K  T  R  Y
P  O  T  E  L  Y  G  Z  C  U  K  G  Q  R
D  A  D  Q  H  S  C  Q  V  Q  I  C  K  P
G  A  K  E  S  J  O  K  I  H  Z  S  K  A
T  Å  L  M  O  D  I  G  H  E  T  I  Z  Q
```

SYÖTTI	KOUKKU
KORI	LEUKA
RANTA	JÄRVI
VENE	VALTAMERI
KOKKI	TÅLMODIGHET
LAITTEET	JOKI
OVERDRIVELSE	KAUSI
EVÄT	VESI
GJELLENE	PAINO

20 - Restaurant #1

```
A  J  O  I  K  N  L  M  E  Z  W  E  E  G
L  Ä  N  H  S  C  G  B  Y  G  H  K  N  H
L  L  N  M  A  U  S  T  E  I  N  E  N  K
E  K  K  L  A  U  T  A  S  L  I  I  N  A
R  I  N  U  L  V  H  B  H  A  L  T  K  S
G  R  G  H  L  G  A  Z  D  I  E  T  A  T
I  U  F  W  R  H  R  R  Z  N  V  I  H  I
A  O  O  M  Y  L  O  U  A  E  Y  Ö  V  K
V  K  V  A  L  I  K  K  O  U  E  I  I  E
E  A  L  P  E  H  A  F  D  K  S  R  H  G
I  W  O  B  I  A  N  W  A  Z  A  R  N  Q
T  Q  V  U  P  C  A  U  B  I  R  R  F  U
S  Y  Ö  D  Ä  B  R  D  L  H  A  I  I  Z
I  T  A  R  J  O  I  L  I  J  A  K  J  N
```

ALLERGIA	LIHA
KULHO	VALIKKO
LEIPÄ	LAUTASLIINA
KANA	LEVY
KAHVI	VARAUS
JÄLKIRUOKA	KASTIKE
RUOKA	MAUSTEINEN
AINE	SYÖDÄ
KEITTIÖ	TARJOILIJA
VEITSI	

21 - Bees

```
K K P U N U H M R P U H U S
U U D W M R Y A O H D E P I
K N Y T A U Ö Y H C K D A I
A I K P A O D L P K U E R T
T N P A H K Y W E P K L A E
A G Q R S A L P S O K M F P
U A Z V B V L U Ä L A Ä I Ö
R T F I H D I U S L T Q I L
I A H H Y Ö N T E I N E N Y
N R O U J D E A Q N E S I G
K T C K N P N R S A V U V C
O P T B Z A G H O T K L C J
S I I V E T J A B O K U D W
I V R S H B H A M R V D C D
```

HYÖDYLLINEN	KASVIT
KUKKA	SIITEPÖLY
KUKAT	POLLINATOR
RUOKA	KUNINGATAR
HEDELMÄ	SAVU
PUUTARHA	AURINKO
PESÄ	PARVI
HUNAJA	PARAFIINI
HYÖNTEINEN	SIIVET

22 - Sports

```
K Y C C U L T O V V A T U K
W C T I I R I E L Z K Y W U
S Z I H K D H I N R G W J N
G P I Q V Z Y E K N G B Z T
L O M M E T B L I E I S M O
O L I L B O F V G L I S E S
J Ä Ä K I E K K O B I H S A
B A S E B A L L L Y P J T L
P E L A A J A P F S E F A I
P O L K U P Y Ö R Ä L Y R L
V A L M E N T A J A I U U Z
V O I M I S T E L U D U U R
T U O M A R I G K B B Q S F
H B I Z K O R I P A L L O J
```

URHEILIJA	KUNTOSALI
BASEBALL	VOIMISTELU
KORIPALLO	JÄÄKIEKKO
POLKUPYÖRÄ	LIIKE
MESTARUUS	PELAAJA
VALMENTAJA	TUOMARI
PELI	TIIMI
GOLF	TENNIS

23 - Weather

```
L D D M F K Q J W S U T H R
O Y I Y Y V B Ä K A K O K G
J S C P K R E Ä Y L K R O U
K U I V U U S N O A O N Z E
O M Y L I I D K O M N A Z K
E U B O V D B J Y A E D P S
R A U H A L L I N E N O I T
O D F H U L Ä M P Ö T I L A
I L M A I N E N B O U P V I
H U R R I K A A N I L I I V
T R O O P P I N E N V A W A
M O N S U U N I H N T Y R S
N G O S A T E E N K A A R I
S U T U U L I L M A S T O B
```

ILMAINEN	MONSUUNI
RAUHALLINEN	POLAR
ILMASTO	SATEENKAARI
PILVI	TAIVAS
KUIVUUS	MYRSKY
KUIVA	LÄMPÖTILA
SUMU	UKKONEN
HURRIKAANI	TORNADO
JÄÄN	TROOPPINEN
SALAMA	TUULI

24 - Adventure

```
I  M  A  T  K  U  S  T  A  A  E  K  R  M
B  N  Y  L  L  Ä  T  T  Ä  V  Ä  C  B  A
T  K  N  A  V  I  G  O  I  N  T  I  Z  H
R  H  M  O  U  U  S  I  R  E  T  K  I  D
K  M  A  L  S  V  A  I  K  E  U  S  E  O
U  K  T  A  Y  T  L  U  O  N  T  O  H  L
K  T  K  B  S  V  U  Z  R  F  K  J  I  L
A  O  A  D  A  T  B  S  B  V  F  Z  T  I
U  I  I  R  L  H  E  C  A  J  W  C  B  S
N  M  T  L  K  Q  M  E  Q  V  G  S  M  U
E  I  V  P  O  W  W  S  T  O  W  N  O  U
U  N  V  A  A  R  A  L  L  I  N  E  N  S
S  T  U  R  V  A  L  L  I  S  U  U  S  B
L  A  Y  S  T  Ä  V  Ä  K  O  H  D  E  I
```

TOIMINTA	YSTÄVÄ
KAUNEUS	MATKA
HAASTEET	ILO
MAHDOLLISUUS	LUONTO
VAARALLINEN	NAVIGOINTI
KOHDE	UUSI
VAIKEUS	TURVALLISUUS
INNOSTUS	YLLÄTTÄVÄ
RETKI	MATKUSTAA

25 - Circus

```
N  J  I  Q  I  V  J  U  N  P  D  T  R  B
R  O  P  A  R  A  A  T  I  V  E  A  S  A
Y  N  R  L  E  I  J  O  N  A  L  I  G  L
F  G  M  S  T  I  I  K  E  R  I  K  S  L
R  L  B  N  U  H  A  D  L  I  P  A  Z  O
H  Ö  H  M  P  U  K  U  Ä  H  P  P  D  N
A  Ö  I  U  V  I  W  S  I  N  U  Q  T  G
K  R  F  S  G  G  T  E  M  P  P  U  E  E
R  I  O  I  Q  D  F  O  E  S  W  Q  L  R
O  P  V  I  I  H  D  Y  T  T  Ä  Ä  T  S
B  M  M  K  A  T  S  O  J  A  B  Z  T  G
A  Z  D  K  B  D  V  U  I  N  Y  K  A  Z
T  T  A  I  K  U  R  I  R  D  B  U  N  Y
A  P  I  N  A  I  R  M  H  V  Z  T  K  D
```

AKROBAT	TAIKURI
ELÄIMET	APINA
BALLONGER	MUSIIKKI
PUKU	PARAATI
NORSU	KATSOJA
VIIHDYTTÄÄ	TELTTA
JONGLÖÖRI	LIPPU
LEIJONA	TIIKERI
TAIKA	TEMPPU

26 - Restaurant #2

```
Y  S  O  R  Q  E  Z  R  Z  R  U  L  P  T
S  H  U  M  A  U  S  T  E  E  T  M  C  A
U  A  K  P  S  W  V  N  N  K  Y  Q  K  R
O  A  L  V  P  Z  J  U  O  M  A  I  Z  J
L  R  O  A  H  E  Ä  U  F  V  A  L  Z  O
A  U  C  I  A  I  Ä  D  D  C  I  L  L  I
L  K  A  L  A  T  N  E  A  O  T  A  U  L
O  K  A  K  K  U  T  L  T  F  O  L  S  I
U  A  M  V  E  S  I  I  J  G  P  L  I  J
N  L  U  R  G  B  J  T  U  O  L  I  K  A
A  Y  N  V  I  H  A  N  N  E  S  N  K  W
S  Z  A  H  E  D  E  L  M  Ä  Y  E  A  Y
Q  I  T  V  J  F  I  Q  K  H  T  N  T  M
H  E  R  K  U  L  L  I  N  E  N  H  C  J
```

JUOMA	LOUNAS
KAKKU	NUUDELIT
TUOLI	SALAATTI
HERKULLINEN	SUOLA
ILLALLINEN	SUPPE
MUNAT	MAUSTEET
KALA	LUSIKKA
HAARUKKA	VIHANNES
HEDELMÄ	TARJOILIJA
JÄÄN	VESI

27 - Geology

```
H  O  D  M  S  P  Y  Ö  R  Ä  T  Z  W  C
Z  A  T  U  A  U  W  N  B  L  N  E  U  R
J  V  P  O  C  A  O  G  R  A  Z  K  W  Y
N  B  M  P  C  Q  N  L  C  V  V  M  P  S
H  W  V  D  O  A  H  O  A  A  J  I  C  T
G  E  Y  S  I  R  T  A  S  A  N  K  O  A
M  T  K  V  A  R  T  S  I  A  H  J  E  L
P  V  O  F  O  S  S  I  I  L  I  C  Q  Q
Y  E  R  O  O  S  I  O  K  E  R  R  O  S
S  T  A  L  A  C  T  I  T  E  L  M  I  S
I  S  L  K  A  L  S  I  U  M  I  F  U  O
G  R  L  I  L  U  O  L  A  O  R  V  V  I
M  P  I  V  E  K  A  V  O  L  C  A  N  O
N  D  M  I  N  E  R  A  A  L  I  G  C  G
```

HAPPO	LAVA
KALSIUM	KERROS
LUOLA	MINERAALI
MAANOSA	TASANKO
KORALLI	KVARTSI
CRYSTAL	SUOLA
PYÖRÄT	STALACTITE
EROOSIO	KIVI
FOSSIILI	VOLCANO
GEYSIR	

28 - House

```
Q  P  R  K  A  T  T  O  R  S  Q  G  R  G
Y  U  I  K  K  U  N  A  S  B  I  F  Z  G
Q  U  P  J  N  L  T  P  H  P  G  T  J  E
J  T  Y  V  U  V  Y  O  M  L  E  J  Z  R
T  A  B  S  E  I  N  Ä  T  I  I  I  E  Q
K  R  V  H  N  C  T  O  K  A  U  I  L  C
H  H  E  Q  U  R  V  O  I  P  L  I  E  I
N  A  R  H  L  O  V  V  R  L  U  L  D  S
Ø  J  H  O  T  O  N  I  J  A  U  A  I  U
K  Q  O  C  O  E  V  E  A  M  T  I  P  I
L  A  T  T  I  A  I  I  S  P  A  T  V  H
E  K  E  I  T  T  I  Ö  T  P  Z  A  Y  K
R  U  L  L  A  K  K  O  O  U  W  J  U  U
H  U  O  N  E  K  A  L  U  T  A  K  K  A
```

ULLAKKO	NØKLER
LUUTA	KEITTIÖ
VERHOT	LAMPPU
OVI	KIRJASTO
AITA	PEILI
TAKKA	KATTO
LATTIA	HUONE
HUONEKALU	SUIHKU
AUTOTALLI	SEINÄ
PUUTARHA	IKKUNA

29 - Bathroom

```
T  W  P  M  C  N  H  A  J  U  V  E  S  I
R  H  Y  K  M  U  A  V  D  Z  F  V  M  F
W  N  W  J  J  B  N  S  T  Z  A  Y  A  C
T  J  H  Y  I  S  A  I  P  P  U  A  T  M
M  K  W  Ö  R  N  V  E  S  I  N  V  T  M
Z  I  G  S  Y  R  E  N  P  G  S  B  O  K
P  Y  Y  H  E  R  Y  I  V  O  I  D  E  U
E  N  J  A  T  M  Y  S  A  K  S  E  T  P
I  O  S  M  W  C  I  K  Y  L  P  Y  K  L
L  Q  D  P  E  Y  S  R  S  K  L  S  J  I
I  O  H  O  D  Y  B  Q  B  R  L  R  W  A
G  Y  A  O  M  S  C  M  T  P  E  G  B  A
S  U  I  H  K  U  B  D  N  S  Z  Z  O  D
F  H  D  T  E  M  A  M  P  O  S  Z  T  K
```

KYLPY	SHAMPOO
KUPLIA	SUIHKU
HANA	SAIPPUA
VOIDE	SIENI
PEILI	HÖYRY
HAJUVESI	WC
MATTO	PYYHE
SAKSET	VESI

30 - School #1

```
L  R  R  G  A  A  K  K  O  S  E  T  O  T
B  O  F  W  O  A  P  Y  N  S  P  T  P  I
B  Z  U  H  E  C  B  L  N  L  P  Y  E  E
U  A  E  N  E  R  Y  U  F  Ä  V  Ö  T  T
K  I  R  J  A  S  T  O  L  W  T  P  T  O
O  P  P  I  A  S  H  K  Y  N  P  Ö  A  K
K  O  K  E  E  T  A  K  I  B  W  Y  J  I
P  K  A  M  A  U  U  A  J  R  T  T  A  L
A  Y  N  P  E  O  S  H  Y  V  J  Ä  H  P
P  S  S  U  Q  L  K  U  K  W  E  A  A  A
E  T  I  U  L  I  A  O  Y  Z  O  G  T  I
R  Ä  O  Y  M  V  A  N  N  F  A  O  W  L
I  V  G  M  I  L  P  E  Ä  M  J  B  G  U
K  Ä  N  U  M  E  R  O  B  R  E  W  G  I
```

AAKKOSET	KIRJASTO
KIRJAT	LOUNAS
TUOLI	NUMERO
LUOKKAHUONE	PAPERI
TYÖPÖYTÄ	LYIJYKYNÄ
KOKEET	KYNÄT
KANSIO	TIETOKILPAILU
YSTÄVÄ	OPETTAJA
HAUSKAA	OPPIA

31 - Dance

```
K E H O J M A P T T A K K A
C O E L S Y H I C A K U N D
I U R P L I I K E I A L O C
L M V E J R F U O D T T P B
O R J R O C N M P E E T S C
I Y Y I Z G T P J Q M U A O
N T U N N E R P S M I U Y T
E M P T T R Y A T U A R M O
N I R E U Y H N F S W I D P
W K C I D V T I W I O E E M
K C M N E K I G N I A Z U J
I L M E I K Ä S N K U F F M
F U C N P C L C S K C G G U
K L A S S I N E N I P K T M
```

AKATEMIA
TAIDE
KEHO
KOREOGRAFIA
KLASSINEN
KULTTUURI
TUNNE
ILMEIKÄS

ARMO
ILOINEN
LIIKE
MUSIIKKI
KUMPPANI
RYHTI
RYTMI
PERINTEINEN

32 - Colors

```
G O E R P R V I O L E T T I
F D Y M E U V M Z O P G O U
R U H F T S N V C W Z H D I
W H K U R K H A R M A A Q D
F A C S A E K L I W G Y B I
G S R N I A T K M N T F U L
Z S V H M A J O S E E P I A
V S Y A A N I I O E K N Y G
I N D I G O F N N B E I G E
H T V Q E M V E K O F O I Y
R H I W N T U N W L K A L O
E Z J Q T J O S I N I N E N
Ä A P L A K E L T A I N E N
K B Q C Q Z D O R A N S S I
```

BEIGE
MUSTA
SININEN
RUSKEA
CRIMSON
SYAANI
FUKSIA
VIHREÄ
HARMAA

INDIGO
MAGENTA
ORANSSI
VIOLETTI
PUNAINEN
SEEPIA
VALKOINEN
KELTAINEN

33 - Climbing

```
T  U  E  A  K  A  R  T  T  A  K  C  K  I
N  T  W  D  W  D  H  A  I  U  A  U  O  K
S  E  E  T  V  F  T  M  K  Q  P  D  U  O
Z  L  S  L  K  Y  P  Ä  R  Ä  E  A  L  R
N  I  H  C  M  Y  P  D  Q  T  A  Y  U  K
V  A  M  M  A  S  A  A  P  P  A  A  T  E
G  I  L  M  A  I  N  E  N  M  H  G  U  U
H  S  P  P  L  N  V  A  K  A  U  S  S  S
U  U  Y  V  D  E  K  Ä  S  I  N  E  E  T
C  U  J  W  J  N  I  O  V  H  R  R  G  L
A  S  I  A  N  T  U  N  T  I  J  A  L  U
L  Y  L  C  R  V  A  E  L  L  U  S  K  O
H  A  A  S  T  E  E  T  R  M  L  Z  A  L
C  G  M  V  A  H  V  U  U  S  K  F  I  A
```

KORKEUS	VAELLUS
ILMAINEN	VAMMA
SAAPPAAT	KARTTA
LUOLA	KAPEA
HAASTEET	FYYSINEN
UTELIAISUUS	VAKAUS
ASIANTUNTIJA	VAHVUUS
KÄSINEET	MAA
KYPÄRÄ	KOULUTUS

34 - Shapes

```
K  A  R  T  I  O  T  V  K  P  C  Y  E  Y
O  C  G  I  H  H  W  R  E  U  N  A  T  M
L  S  Y  L  I  N  T  E  R  I  L  P  V  P
M  O  N  I  K  U  L  M  I  O  R  M  F  Y
I  O  E  N  J  K  S  W  A  O  R  P  A  R
O  T  L  J  C  J  I  P  E  S  T  K  O  Ä
R  C  I  A  R  P  S  O  I  K  E  A  C  F
T  W  Ö  P  E  L  L  I  P  S  I  A  R  Q
K  M  V  R  Q  U  R  U  D  S  U  R  D  F
U  Ä  E  H  Y  P  E  R  B  E  L  I  F  W
U  Y  Y  S  U  O  R  A  K  U  L  M  I  O
T  M  K  R  P  R  I  S  M  A  A  B  A  M
I  Z  A  O  Ä  P  Y  R  A  M  I  D  I  N
O  K  D  U  S  V  T  Z  U  V  N  V  F  J
```

KAARI	LINJA
YMPYRÄ	SOIKEA
KARTIO	MONIKULMIO
KULMA	PRISMA
KUUTIO	PYRAMIDI
KÄYRÄ	SUORAKULMIO
SYLINTERI	SIDE
REUNAT	NELIÖ
ELLIPSI	KOLMIO
HYPERBELI	

35 - Scientific Disciplines

```
K M H U S M W R Y Q V P S A
F M B V Y E F L U P N S O N
Y B W L V T N B L C J Y S A
S J Y R A E D I R W S K I T
I A R K E O L O G I A O O O
O M O E M R G K L V S L L M
L Z S M N O L E N Z C O O I
O K R I O L K M O U V G G A
G J B A H O V I O L C I I O
I L T V C G K A P S O A A N
A K I E L I T I E D E G Y S
V Y Y A O A E K O L O G I A
M E K A N I I K K A O G L A
I M M U N O L O G I A K K L
```

ANATOMIA
ARKEOLOGIA
BIOKEMIA
KEMIA
EKOLOGIA
GEOLOGIA
IMMUNOLOGIA

KIELITIEDE
MEKANIIKKA
METEOROLOGIA
FYSIOLOGIA
PSYKOLOGIA
SOSIOLOGIA

36 - School #2

```
T  K  T  K  I  R  J  A  S  T  O  G  U  B
I  B  S  A  N  A  K  I  R  J  A  Z  T  U
E  M  W  S  R  K  O  U  L  U  T  U  S  S
T  C  N  Z  S  V  C  F  L  N  G  V  Y  S
O  R  B  I  G  K  I  E  L  I  O  P  P  I
K  P  K  C  K  T  R  K  W  H  L  F  S  O
O  L  A  R  E  P  P  U  K  A  E  D  A  Y
N  E  L  P  B  R  C  A  T  E  V  H  K  S
E  G  E  F  E  I  R  I  Y  I  E  P  S  T
K  T  N  O  I  R  L  C  P  S  E  T  E  Ä
S  Q  T  O  I  M  I  N  T  A  Y  D  T  V
Q  J  E  P  Y  Y  H  E  K  U  M  I  E  Ä
H  K  R  J  L  Y  I  J  Y  K  Y  N  Ä  W
T  K  I  R  J  A  T  K  F  B  S  T  R  A
```

TOIMINTA	YSTÄVÄ
REPPU	KIELIOPPI
KIRJAT	KIRJASTO
BUSSI	PAPERI
KALENTERI	LYIJYKYNÄ
TIETOKONE	TIEDE
SANAKIRJA	SAKSET
KOULUTUS	TARVIKKEET
PYYHEKUMI	

37 - Science

```
K E M I A L L I N E N J K W
T O S I A S I A R R G I A T
F H F R D A T O M I M Z S D
H Y O P G B F J D E W Y V B
W P S A H A K N J V R Y I P
O O S I M K D I P O F N T F
R T I N I E G I L L S G D P
G E I O N K F H I U K S E T
A E L V E B K Q U U O K O E
N S I O R A E A N T U N I F
I I O I A Z C A O I M C T L
S I L M A S T O B O R B N O
M H K A L T I E D O T V U Q
I E K J I M O L E K Y Y L I
```

ATOMI   HYPOTEESI
KEMIALLINEN   MINERAALI
ILMASTO   MOLEKYYLI
TIEDOT   LUONTO
EVOLUUTIO   ORGANISMI
KOE   HIUKSET
TOSIASIA   FYSIIKKA
FOSSIILI   KASVIT
PAINOVOIMA

38 - To Fill

```
J  B  O  B  H  K  M  P  D  Z  Y  C  I  C
K  L  K  H  U  O  A  E  U  V  R  G  G  B
R  A  E  U  M  R  T  Y  N  N  Y  R  I  E
H  Y  N  A  B  I  K  Ä  M  P  Ä  R  I  J
K  C  C  S  Z  T  A  R  J  O  T  I  N  R
I  P  I  Q  I  S  L  P  A  K  E  T  T  I
R  U  U  P  Z  O  A  S  L  Y  Z  A  F  M
J  R  A  T  D  B  U  Z  A  T  I  S  D  A
E  K  L  Z  K  B  K  L  A  U  K  K  U  L
K  K  U  Q  V  I  K  T  T  L  G  U  O  J
U  I  S  N  P  A  U  Q  I  O  P  K  P  A
O  P  U  L  L  O  M  D  K  N  P  H  W  K
R  M  E  B  O  L  U  Z  K  G  S  H  L  K
I  V  J  I  K  A  R  T  O  N  K  I  P  O
```

LAUKKU	PURKKI
TYNNYRI	PAKETTI
KORI	TASKU
PULLO	MATKALAUKKU
ÄMPÄRI	TARJOTIN
KARTONKI	PUTKI
LAATIKKO	MALJAKKO
KIRJEKUORI	ALUS
KANSIO	

39 - Summer

```
M  R  E  N  T  O  U  T  U  M  I  N  E  N
G  U  I  S  Ä  M  A  T  K  U  S  T  A  A
Z  O  S  Q  H  K  M  M  H  R  P  F  P  M
S  K  B  I  T  O  Y  A  T  U  U  R  E  C
S  A  L  L  I  R  A  N  T  A  U  O  L  A
N  U  N  O  F  K  O  T  I  L  T  J  I  M
S  N  K  D  R  A  K  V  A  P  A  A  T  P
M  L  I  E  A  A  Z  I  M  E  R  I  J  I
N  I  R  H  L  A  J  V  D  Y  H  Y  U  N
I  P  J  N  O  L  L  F  H  S  A  W  R  G
B  Z  A  S  M  C  U  I  A  T  N  N  C  W
O  R  T  A  A  H  Z  S  T  Ä  V  Z  L  C
W  J  L  S  N  I  Y  Z  E  V  O  S  E  T
P  E  R  H  E  J  A  Q  R  Ä  C  T  Q  H
```

RANTA	ILO
KIRJAT	VAPAA
CAMPING	MUSIIKKI
SUKELLUS	RENTOUTUMINEN
PERHE	SANDAALIT
RUOKA	MERI
YSTÄVÄ	TÄHTI
PELIT	MATKUSTAA
PUUTARHA	LOMA
KOTI	

40 - Clothes

```
F  V  I  L  L  A  P  A  I  T  A  E  E  K
A  J  U  L  Y  I  U  R  F  G  D  D  S  C
R  J  P  Y  J  A  M  A  H  U  I  V  I  K
K  A  U  L  A  K  O  R  U  A  Y  I  L  N
U  C  K  T  T  G  S  D  G  F  M  N  I  M
T  I  E  O  P  M  E  K  K  O  V  E  I  U
S  A  N  D  A  A  L  I  T  C  Z  K  N  O
Z  Y  K  K  Ä  S  I  N  E  E  T  O  A  T
S  S  Ä  H  V  K  D  T  T  F  A  R  H  I
A  R  M  B  Å  N  D  R  A  H  K  U  A  N
H  O  U  S  U  T  S  Z  A  Z  K  T  T  S
P  U  S  E  R  O  O  V  Y  Ö  I  E  T  B
T  K  T  G  J  A  J  Z  V  K  P  I  U  J
F  L  G  F  O  L  B  S  T  A  Z  Z  S  B
```

ESILIINA	KORUT
VYÖ	KAULAKORU
PUSERO	PYJAMA
ARMBÅND	HOUSUT
TAKKI	SANDAALIT
MEKKO	HUIVI
MUOTI	PAITA
KÄSINEET	KENKÄ
HATTU	HAME
FARKUT	VILLAPAITA

41 - Dogs

```
H  P  Ö  R  R  Ö  I  N  E  N  T  O  T  I
I  J  K  O  U  L  U  T  U  S  A  G  O  T
H  L  W  I  D  T  S  J  B  P  Y  A  T  S
N  U  R  P  C  G  Q  H  L  E  E  U  T  E
A  U  B  G  K  U  M  P  P  A  N  I  E  P
H  B  K  I  S  U  E  H  E  O  T  E  L  Ä
V  A  I  S  T  O  G  W  O  N  S  F  E  I
U  S  K  O  L  L  I  N  E  N  T  U  V  N
B  K  W  O  C  P  G  G  Q  N  F  U  A  E
O  N  E  U  E  L  I  S  U  E  W  H  I  N
L  E  M  P  E  Ä  Q  E  C  K  U  U  N  N
L  E  M  M  I  K  K  I  N  T  W  G  E  P
H  A  U  S  K  A  A  R  F  I  Q  H  N  O
Y  S  T  Ä  V  Ä  L  L  I  N  E  N  Y  Y
```

ISO	HIHNA
LUU	USKOLLINEN
KUMPPANI	TOTTELEVAINEN
YSTÄVÄLLINEN	LEMMIKKI
HAUSKAA	PENTU
PÖRRÖINEN	PIENI
LEMPEÄ	ITSEPÄINEN
VAISTO	KOULUTUS

42 - Insects

```
S H A M A P E R H O N E N L
U E W L M A J M A T O R U E
D I U K P H H W J E V N D P
E N S O I O C I C A D A A P
N Ä P I A R O O Z E I Q T Ä
K S R E I N V L S G J Q O K
O I L Y N E H A I H L H R E
R R R H E T D F R R L Y A R
E K Q P N T O U K K A T K T
N K M I P Q K O K Z V T K T
T A R Q E U I J A A P Y A U
O G R E S S H O P P E N Y J
T E R M I I T T I U B E E Z
M U U R A H A I N E N N P B
```

MUURAHAINEN   LEPPÄKERTTU
KIRVA   TOUKKA
PERHONEN   GRESSHOPPE
CICADA   SIRKKA
TORAKKA   HYTTYNEN
SUDENKORENTO   KOI
KIRPPU   TERMIITTI
HEINÄSIRKKA   AMPIAINEN
HORNET   MATO

43 - Astronomy

```
S  A  S  T  E  R  O  I  D  I  J  S  R  B
A  S  Ä  U  P  K  K  U  U  H  G  G  A  Y
T  T  T  S  P  L  O  L  Q  Z  H  A  K  M
E  R  E  L  T  E  A  S  T  B  O  L  E  A
L  O  I  L  Z  L  R  N  M  A  A  A  T  M
L  N  L  I  Q  D  Y  N  E  O  C  K  T  E
I  A  Y  F  R  T  V  T  O  E  S  S  I  T
I  U  A  U  R  I  N  K  O  V  T  I  M  E
T  T  Ä  H  D  I  S  T  Ö  H  A  T  L  O
T  T  J  E  V  N  D  Ø  G  N  Y  G  A  R
I  I  Z  O  D  I  A  K  K  I  C  O  P  I
T  A  I  V  A  S  T  A  A  S  U  M  U  P
O  B  S  E  R  V  A  T  O  R  I  O  V  S
D  K  P  I  M  E  N  N  Y  S  V  N  T  S
```

ASTEROIDI	SUMU
ASTRONAUTTI	OBSERVATORIO
TÄHDISTÖ	PLANEETTA
KOSMOS	SÄTEILY
MAA	RAKETTI
PIMENNYS	SATELLIITTI
JEVNDØGN	TAIVAS
GALAKSI	AURINKO
METEORI	SUPERNOVA
KUU	ZODIAKKI

44 - Pirates

```
N Y E T N V F U M N N F P L
H U O N O A R P I K W V H U
M S Q J I A L R E O U D G O
K I S A A R I O K L P L D L
A B E S J A P M K I T A T A
P W I H T J P M A K D G G A
T I K Q I N U I A O A W V N
E V K O H S M A L T E J W K
E A A R R E T K A R T T A K
N H I R T Z K Ö A C E W Z U
I M L P A P U K A I J A M R
U Y U M G N L E G E N D A I
I Q L E Y G T D H M A J C O
H P P K O M P A S S I L G Q
```

SEIKKAILU   LIPPU
ANKKURI   KULTA
HUONO   SAARI
RANTA   LEGENDA
KAPTEENI   KARTTA
LUOLA   PAPUKAIJA
KOLIKOT   ROMMI
KOMPASSI   ARPI
MIEHISTÖ   MIEKKA
VAARA   AARRE

45 - Time

```
A G O W U L K P D T K V A K
A A E N O D U Z K U V U C E
U G V K L I U R T L Q O V S
L S T L F V K E H E A S I K
V U O S I S A T A V I I I I
M P I A N A U W F A K K K P
C I E Q N A S Y P I A Y K Ä
E J N Y T M I E Ä S I M O I
E W N U J U E I I U N M K V
M G E Y U Z P L V U E E E Ä
V Z N F Y T G E Ä S N N L V
T U N N I N T N Y I P D L B
T Ä N Ä Ä N H I Ö N H L O H
K A L E N T E R I V U O S I
```

ENNEN	KUUKAUSI
KALENTERI	AAMU
VUOSISATA	YÖ
KELLO	KESKIPÄIVÄ
PÄIVÄ	NYT
VUOSIKYMMEN	PIAN
AIKAINEN	TÄNÄÄN
TULEVAISUUS	VIIKKO
TUNNIN	VUOSI
MINUUTTI	EILEN

46 - Buildings

```
B  P  Y  L  I  O  P  I  S  T  O  L  T  S
N  Q  Q  U  U  Q  L  O  Y  C  S  I  B  A
S  U  P  E  R  M  A  R  K  E  T  N  P  I
H  H  T  L  S  Ö  B  R  F  U  I  N  B  R
U  O  E  Ä  T  K  O  L  A  T  O  A  A  A
O  S  A  H  A  K  R  T  E  H  D  A  S  A
N  T  T  E  D  I  A  K  O  W  T  Z  J  L
E  E  T  T  I  G  T  Z  O  R  S  U  T  A
I  L  E  Y  O  Y  O  E  M  U  N  D  E  Y
S  L  R  S  N  Q  R  Y  U  H  L  I  L  W
T  I  I  T  O  C  I  O  S  B  O  U  T  J
O  Q  U  Ö  N  H  O  T  E  L  L  I  T  A
O  B  S  E  R  V  A  T  O  R  I  O  A  U
H  T  P  W  E  L  O  K  U  V  A  I  K  Z
```

HUONEISTO	LABORATORIO
LATO	MUSEO
MÖKKI	OBSERVATORIO
LINNA	KOULU
ELOKUVA	STADION
LÄHETYSTÖ	SUPERMARKET
TEHDAS	TELTTA
SAIRAALA	TEATTERI
HOSTELLI	TORNI
HOTELLI	YLIOPISTO

47 - Herbalism

```
V K B A S I L I K A M R W M
M N U R A K U U N A V O V I
H A K K C A I N E S O S A N
Y P U A K B Z I Z E C M L T
Ö U L S Y A A P R W W A K T
D U I V T M A K U N K R O U
Y T N I F E N K O L I I S Y
L A A F B I S O Y N O I I Q
L R A R N R U A R V D N P R
I H R B V A G O H E N I U T
N A I E T M J N H R G B L U
E Q N Z V I H R E Ä A A I Z
N P E R S I L J A Y C M N S
D Z N L A V E N T E L I I O
```

BASILIKA
HYÖDYLLINEN
KULINAARINEN
FENKOLI
MAKU
KUKKA
PUUTARHA
VALKOSIPULI
VIHREÄ
AINESOSA

LAVENTELI
MEIRAMI
MINTTU
OREGANO
PERSILJA
KASVI
ROSMARIINI
MAUSTESAHRAMI
RAKUUNA

48 - Toys

```
R U T A K P S S L F K C M Y
P O P K U K A L A A Z A I B
R O B O T T I L P V S U E N
L E I J A E P U L U I T L K
K O U L U T T A A O H O I I
U S A G D V Z Q T U S A K R
R Y V E N E E P W D E D U J
R N M H P B J N U K K E V A
S H A K K I N O E C E F I T
O P A E L D Z O U E T S T P
P O L K U P Y Ö R Ä T B U E
P T I L E N T O K O N E S L
H T T P A L A P E L I T E I
O T L R R U M M U T Q L M T
```

LENTOKONE	RUMMUT
PALLO	PELIT
POLKUPYÖRÄ	MIELIKUVITUS
VENE	LEIJA
KIRJAT	MAALIT
AUTO	PALAPELI
SHAKKI	ROBOTTI
SAVI	KOULUTTAA
VENEET	KUKA
NUKKE	

49 - Vehicles

```
S L A U T T A R E N K A A T
C S E M V M N Z E S O M U R
O U U N E E V L P U U B T A
O K M E T T N A C K L U O K
T E J R A O R E J K U L F T
E L H I S W K O U U T A D O
R L M R S I U O S L T N Z R
B U S S I I K O N A A S R I
L S W T P B A H V E A S O L
V V M O O T T O R I R I R V
D E H E L I K O P T E R I C
H N P O L K U P Y Ö R Ä V J
S E T A K S I V A R E B I L
G Z O N S E D R A K E T T I
```

LENTOKONE
AMBULANSSI
POLKUPYÖRÄ
VENE
BUSSI
AUTO
LAUTTA
HELIKOPTERI
MOOTTORI
RAKETTI

SCOOTER
SUKKULA
SUKELLUSVENE
METRO
TAKSI
RENKAAT
TRAKTORI
KOULUTTAA
KUKA
VAREBIL

50 - Flowers

```
O  F  A  P  G  J  A  S  M  I  I  N  I  D
A  R  P  L  L  A  O  L  K  I  Z  O  I  K
Q  I  I  U  E  C  R  L  I  L  J  A  N  T
H  L  L  M  O  S  K  D  C  L  R  G  Z  E
S  I  A  E  S  R  I  P  E  T  V  F  J  R
T  I  B  R  M  Q  D  I  Q  N  O  Q  I  Ä
C  L  L  I  K  J  E  A  O  N  I  K  V  L
P  A  Z  A  S  Y  A  L  R  O  K  A  R  E
Z  I  Y  R  K  C  E  G  Z  O  U  M  U  H
I  I  O  I  A  I  U  N  I  K  K  O  U  T
C  T  T  N  E  C  O  S  B  W  K  Z  S  I
Y  A  P  K  I  M  P  P  U  Y  A  N  U  T
A  U  R  I  N  G  O  N  K  U  K  K  A  L
L  L  A  V  E  N  T  E  L  I  E  G  B  I
```

KIMPPU	LILJA
APILA	ORKIDEA
VOIKUKKA	PIONI
GARDENIA	TERÄLEHTI
HIBISCUS	PLUMERIA
JASMIINI	UNIKKO
LAVENTELI	RUUSU
LIILA	AURINGONKUKKA

51 - Town

```
M A R K K I N A D E S K L H
O K O U L U L M Z L U I E Y
C A P T E E K K I O P R I C
T U L T L N N A L K E J P T
Y P G U O O U H K U R A O J
L P A A F F F V T V M S M Y
I A A N L T I I T A A T O M
O S C J K L H L F J R O O U
P M G S H K E A K Q K C A S
I A K N N I I R V L E A G E
S T A D I O N D I N T T U O
T E T K I R J A K A U P P A
O Z J T Z Z B H O T E L L I
K L I N I K K A H D T M N Y
```

LUFTHAVN   KIRJASTO
LEIPOMO   MARKKINA
PANKKI   MUSEO
KIRJAKAUPPA   APTEEKKI
KAHVILA   KOULU
ELOKUVA   STADION
KLINIKKA   KAUPPA
GALLERIA   SUPERMARKET
HOTELLI   YLIOPISTO

52 - Antarctica

```
Y  M  P  Ä  R  I  S  T  Ö  B  T  I  P  L
R  E  T  K  I  K  U  N  T  A  U  S  I  I
L  A  H  T  I  W  Z  J  K  T  T  B  L  N
M  I  N  E  R  A  A  L  I  I  K  R  V  T
N  K  T  Q  N  L  R  T  D  E  I  E  I  U
M  I  Z  L  S  A  A  R  E  T  J  E  E  M
A  V  E  Ä  R  L  O  F  J  E  A  R  J  U
A  I  S  M  A  A  N  T  I  E  D  E  Ä  U
N  N  Q  P  I  V  B  Z  Y  L  M  K  Ä  T
O  E  R  Ö  A  M  E  L  V  L  Y  V  N  T
S  N  C  T  M  M  A  S  G  I  J  K  H  O
A  Q  W  I  I  P  Y  A  I  N  L  N  U  L
Y  U  C  L  H  U  M  O  Q  E  T  N  Y  T
S  B  U  A  O  D  S  V  D  N  P  M  D  H
```

LAHTI	SAARET
LINTU	MUUTTO
PILVI	MINERAALI
MAANOSA	NIEMIMAA
YMPÄRISTÖ	TUTKIJA
RETKIKUNTA	KIVINEN
MAANTIEDE	TIETEELLINEN
ISBREER	LÄMPÖTILA
JÄÄN	VESI

53 - Ballet

```
I  G  Y  O  K  T  S  T  H  T  Y  Y  L  I
L  M  L  R  O  Y  Ä  A  A  A  R  H  I  T
M  V  E  K  R  Q  V  I  R  I  D  A  H  E
E  Z  I  E  E  L  E  T  J  T  T  R  A  K
I  J  S  S  O  F  L  O  O  E  A  J  K  N
K  R  Ö  T  G  V  T  Y  I  E  N  O  S  I
Ä  Y  Q  E  R  Q  Ä  H  T  L  S  I  E  I
S  T  J  R  A  C  J  W  U  L  S  T  T  K
P  M  I  I  F  R  Ä  V  K  I  I  E  D  K
L  I  P  H  I  S  I  E  S  N  J  L  V  A
T  Q  T  A  A  S  D  D  E  E  A  L  N  K
M  U  S  I  I  K  K  I  T  N  T  A  O  J
B  A  L  L  E  R  I  N  A  E  Q  T  G  J
I  N  T  E  N  S  I  T  E  E  T  T  I  C
```

TAITEELLINEN
YLEISÖ
BALLERINA
KOREOGRAFIA
SÄVELTÄJÄ
TANSSIJAT
ILMEIKÄS
ELE
INTENSITEETTI

LIHAKSET
MUSIIKKI
ORKESTERI
HARJOITELLA
HARJOITUKSET
RYTMI
TAITO
TYYLI
TEKNIIKKA

54 - Human Body

```
F O J Z V A Y S A K Ä S I R
S Y D Ä N V J B I A E Y Z P
O L K A P Ä Ä F V U N E N Ä
R U H S U U Z U O L E S N V
M V U Z Q N J J T A H F Z V
I Y U E N K A S V O T Y W Z
P O L V I Y L V E R I Q V O
L N E K H Y K O R V A R Y A
S U T H O N A V P I A Y S Q
C J U G K Ä I U Ä A V L H F
H Q P T Y R C L Ä Y U E J D
W I G G B P T F K H R U S G
S L A W D Ä M P G K S K C D
T E K Y V Ä E V C W A A Z C
```

NILKKA	PÄÄ
VERI	SYDÄN
LUUT	POLVI
AIVOT	JALKA
LEUKA	HUULET
KORVA	SUU
KYYNÄRPÄÄ	KAULA
KASVOT	NENÄ
SORMI	OLKAPÄÄ
KÄSI	IHO

55 - Musical Instruments

```
S  H  C  L  K  L  A  R  I  N  E  T  T  I
T  A  M  B  U  R  I  I  N  I  T  B  C  T
H  R  M  L  Y  M  Y  M  H  Y  J  A  C  W
H  P  A  S  U  U  N  A  A  S  K  N  T  A
N  P  N  K  I  T  A  R  A  R  T  J  V  F
S  U  D  S  A  V  M  J  K  I  I  O  T  A
K  U  O  H  E  V  I  U  L  U  I  M  L  H
T  H  L  H  P  L  P  I  A  N  O  W  B  G
C  Z  I  U  K  J  L  N  H  H  R  H  P  A
R  K  I  I  A  O  N  O  D  F  M  R  F  D
U  L  N  L  T  R  U  M  P  E  T  T  I  H
M  V  I  U  F  A  G  O  T  T  I  R  U  C
P  S  A  K  S  O  F  O  N  I  O  B  O  E
U  S  W  D  T  S  G  O  N  G  J  I  M  L
```

BANJO	MANDOLIINI
FAGOTTI	MARIMBA
SELLO	OBOE
KLARINETTI	PIANO
RUMPU	SAKSOFONI
HUILU	TAMBURIINI
GONG	PASUUNA
KITARA	TRUMPETTI
HARPPU	VIULU

56 - Fruit

```
N M F P A H N D F L R W K A
R E H N E V M R D Z Y G O P
H L K E G R O S K Q P F K R
D O O T U B S K H J Ä K O I
L N P U A P N I A K L I S K
T I Ä S V R I F K D E I N O
M G Ä M A O I V T K O V Ø O
M A R J A R O I L S A I T S
A W Y A T A M I N E M D T I
N D N N O N E K S I D O F N
G U Ä A E S N U O L K I W Q
O G N N R S A N F M W U I N
G C S A B I B A N A A N I E
Z D H S K I R S I K K A H Z
```

OMENA
APRIKOOSI
AVOKADO
BANAANI
MARJA
KIRSIKKA
KOKOSNØTT
VIIKUNA
RYPÄLE

GUAVA
KIIVI
MANGO
MELONI
NEKTARIINI
ORANSSI
PERSIKKA
PÄÄRYNÄ
ANANAS

57 - Virtues #1

```
H  Y  V  Ä  P  R  A  K  T  I  S  K  H  T
V  I  I  S  A  S  P  U  H  D  A  S  Y  A
R  W  Z  R  Y  S  Y  K  B  B  U  L  Ö  I
P  Q  A  H  A  U  S  K  A  E  Q  U  D  T
Z  F  L  P  O  T  I  L  A  S  A  O  Y  E
T  Q  N  S  O  Y  K  P  U  Q  C  T  L  E
R  I  I  P  P  U  M  A  T  O  N  E  L  L
T  E  H  O  K  A  S  C  I  L  U  T  I  L
Z  A  N  T  E  L  I  A  S  S  R  T  N  I
V  A  A  T  I  M  A  T  O  N  E  A  E  N
Ä  L  Y  K  Ä  S  B  K  C  L  R  V  N  E
J  F  J  L  U  T  E  L  I  A  S  A  A  N
V  I  E  H  Ä  T  T  Ä  V  Ä  K  R  A  W
I  N  T  O  H  I  M  O  I  N  E  N  E  V
```

TAITEELLINEN	HYÖDYLLINEN
VIEHÄTTÄVÄ	RIIPPUMATON
PUHDAS	ÄLYKÄS
UTELIAS	VAATIMATON
RATKAISEVA	INTOHIMOINEN
TEHOKAS	POTILAS
HAUSKA	PRAKTISK
ANTELIAS	LUOTETTAVA
HYVÄ	VIISAS

58 - Kitchen

```
F  K  N  K  L  K  P  R  U  O  K  A  M  R
S  T  K  G  U  A  A  U  A  L  Q  V  A  E
P  A  K  A  S  T  I  N  R  R  S  O  U  S
Q  S  D  F  I  T  L  F  N  K  W  G  S  E
H  Y  F  L  K  I  P  U  P  U  K  R  T  P
Z  Ö  N  E  A  L  V  Z  P  G  Z  I  E  T
S  M  J  R  T  A  G  S  P  K  R  L  E  I
J  Ä  Ä  K  A  A  P  P  I  L  F  L  T  C
S  P  K  R  V  E  I  T  S  E  T  I  D  E
Y  U  U  V  E  S  I  L  I  I  N  A  U  W
Ö  I  L  L  A  U  T  A  S  L  I  I  N  A
D  K  H  K  U  P  I  T  V  T  A  H  W  Z
Ä  O  O  R  M  V  V  B  Z  R  K  S  V  Z
C  T  I  W  U  N  D  U  P  U  U  N  I  Q
```

ESILIINA	KATTILA
KULHO	VEITSET
SYÖMÄPUIKOT	LAUTASLIINA
KUPIT	UUNI
RUOKA	RESEPTI
GAFLER	JÄÄKAAPPI
PAKASTIN	MAUSTEET
GRILLI	SIENI
PURKKI	LUSIKAT
KANNU	SYÖDÄ

59 - Art Supplies

```
A  T  Q  P  G  K  Y  N  Ä  M  U  S  T  E
K  W  A  Y  V  A  H  C  P  H  K  L  T  M
V  I  E  Y  A  M  S  Y  W  A  P  Y  H  F
A  U  S  H  V  E  S  I  R  R  P  M  V  G
R  R  Y  E  N  R  I  L  K  J  B  E  Ä  O
E  B  T  K  J  A  B  D  V  A  M  S  R  K
L  E  Y  U  E  E  S  H  E  T  J  A  I  I
L  T  T  M  O  Ö  M  G  B  O  N  V  H  L
I  N  G  I  F  L  I  I  M  A  I  I  V  O
T  N  A  L  A  J  I  Q  U  K  O  T  H  G
P  Ö  Y  T  Ä  Y  B  N  B  W  C  W  A  E
M  A  A  L  I  T  L  U  O  V  U  U  S  A
Q  M  A  A  L  A  U  S  T  E  L  I  N  E
F  P  P  E  A  K  R  Y  Y  L  I  S  F  F
```

AKRYYLI	IDEOITA
HARJAT	MUSTE
KAMERA	ÖLJY
TUOLI	MAALIT
SAVI	PAPERI
VÄRI	KYNÄ
LUOVUUS	PÖYTÄ
MAALAUSTELINE	VESI
PYYHEKUMI	AKVARELLIT
LIIMA	

60 - Science Fiction

```
F A N T A S T I N E N U P D
Z E Y W G Y C T P R B L D R
D W M H A S O E L O K U V A
Y P K F L B R K A M Ä T A D
K I R J A T O N N A Ä O N Y
A E B W K C B O E A R P T S
U M M Z S N O L E N I I A T
K A F I I A T O T E M A A O
A A G U K D T G T J M U P P
I I P W F A I I A A Ä R O I
N L D K K V A A K G I J T A
E M K S I J Y L V Y N Y K M
N A I L L U U S I O E C U V
R Ä J Ä H D Y S Q T N M T R
```

KIRJAT
KEMIKAALIT
ELOKUVA
KAUKAINEN
DYSTOPIA
RÄJÄHDYS
ÄÄRIMMÄINEN
FANTASTINEN
ANTAA POTKUT

GALAKSI
ILLUUSIO
ROMAANEJA
PLANEETTA
ROBOTTI
TEKNOLOGIA
UTOPIA
MAAILMA

61 - Airplanes

```
S F V S E I K K A I L U H L
R A K E N T A M I N E N I A
C W G L T Q M O L P T M S S
U I L M A Y Q O M I R A T K
K O R K E U S T A L V T O E
Z Y O U K I K T P O U K R U
P O T K U R I O A T T U I T
L R P A K J O R L T F S A U
H A F Q I A K I L I O T S M
C W S A W V H C O Q R A U I
E S Y K K R A F N K M J U N
H W Z M U E A S P J I A N E
A C P O L T T O A I N E T N
I L M A I N E N A R G E A J
```

SEIKKAILU
ILMA
ILMAINEN
ILMAPALLO
RAKENTAMINEN
LASKEUTUMINEN
UTFORMING
SUUNTA
MOOTTORI

POLTTOAINE
KORKEUS
HISTORIA
VETY
LASKU
MATKUSTAJA
PILOTTI
POTKURI
TAIVAS

62 - Ocean

```
M U S T E K A L A S U O L A
E R A P U V A L A S V Z F D
R M K H A I V M Z Q P F J P
I A I O D E L F I I N I A H
L N Q J R I U T T A G W W H
E E E H K A T K A R A V U T
V T W U A E L A G V B Y T U
Ä S I E N I E L F Y W M I N
M Y R S K Y V A I Z Y M D F
O O B D K J Ä R R D B K E I
S V G C O S T E R I I Q V S
I A K I L P I K O N N A A K
A N K E R I A S Z M C Y N L
V S I O U M O D C D P Z N N
```

LEVÄT	SUOLA
KORALLI	MERILEVÄ
RAPU	HAI
DELFIINI	KATKARAVUT
ANKERIAS	SIENI
KALA	MYRSKY
MANET	TIDEVANN
MUSTEKALA	TUNFISK
OSTERI	KILPIKONNA
RIUTTA	VALAS

63 - Birds

```
U  J  V  A  R  P  U  N  E  N  K  R  K  Q
T  O  U  K  A  A  N  I  N  K  N  I  A  N
Y  U  V  G  U  S  F  A  K  Ä  P  I  N  K
C  T  H  D  O  P  L  O  K  K  I  K  A  O
P  S  U  M  P  H  A  N  H  I  N  I  R  T
D  E  Y  G  A  A  M  C  J  V  G  N  I  K
U  N  L  M  P  U  I  O  S  D  V  K  F  A
R  L  Y  I  U  K  N  U  T  W  I  U  U  H
A  U  E  D  K  K  G  M  R  Y  I  K  G  W
Z  V  B  P  A  A  O  W  U  K  N  K  L  I
K  A  N  A  I  H  A  T  T  N  I  O  O  A
V  R  N  A  J  A  P  N  S  I  A  M  Y  S
L  I  R  U  A  N  W  S  I  A  N  K  K  A
D  S  H  A  I  K  A  R  A  G  T  S  E  Z
```

KANARIFUGL	HAUKKA
KANA	STRUTSI
VARIS	PAPUKAIJA
KÄKI	RIIKINKUKKO
ANKKA	PELIKAANI
KOTKA	PINGVIINI
MUNA	VARPUNEN
FLAMINGO	HAIKARA
HANHI	JOUTSEN
LOKKI	TOUKAANIN

64 - Art

```
M I N S P I R E R T O R I R
S O S U R R E A L I S M I U
N C N K B A V I U L M V K N
I N U I T L Z H O M I I E O
K V L C M K N E D A E S R U
O Q U N W U K B A I L U A S
O Q L N F P T W M S I A A Y
S V J Q J E J K W U A A M M
T S S V S R W N A U L L I B
U M Z F Z Ä J D C I A I N O
M S T V E I S T O S N N E L
U Y Y N I N I G S L O E N I
S S R E H E L L I N E N N F
G U P H N N K U V A T A O L
```

KERAAMINEN
MONIMUTKAINEN
KOOSTUMUS
LUODA
ILMAISU
REHELLINEN
INSPIRERT
MIELIALA

ALKUPERÄINEN
RUNOUS
KUVATA
VEISTOS
AIHE
SURREALISMI
SYMBOLI
VISUAALINEN

65 - Nutrition

```
K A T K E R A A J K K Y P A
N W U B V V T I G A K S A T
P R O T E I I N I L A Y I G
D W T E R V E Y S O R Ö N V
R U O K A H A L U R B T O L
N J K D W I H L V I O Ä J D
B E A L A H H W I R H V O I
S R S M A K U H T S Y Ä W W
Y E T T A U Q A E D V K I
O R I K E E T D M Y R K K Y
R W K P O E H U I G A V A F
L F E F I U T C I W T F E C
K Ä Y M I N E N N P E W U Z
R U O K A V A L I O R T S I
```

RUOKAHALU
KATKERA
KALORI
KARBOHYDRATER
RUOKAVALIO
SYÖTÄVÄ
KÄYMINEN
MAKU
TERVEYS

TERVE
NESTEET
PROTEIINI
LAATU
KASTIKE
MYRKKY
VITAMIINI
PAINO

66 - Hiking

```
C R V A A R A T L K K I V I
Y A A S A A P P A A T L Y V
P S M U Q W B E L Ä I M E T
U K G P R B H U K E P A B B
K A J O I I U E Y O S S Ä Ä
V S W U W N N B Q I K T J E
I E K O L S G K H I Z O C S
L F B D Y F Z A O A E G U S
L I Q V Ä S Y N Y T W Q M S
I L H E V U O R I T N B S R
K C A S L U O N T O G Y A M
C W F I O N L W K A R T T A
F P U I S T O T A F O S D H
S J G K K A L L I O M U K I
```

ELÄIMET
SAAPPAAT
CAMPING
KALLIO
ILMASTO
VAARAT
RASKAS
KARTTA
VUORI
LUONTO

SUUNTA
PUISTOT
KIVI
KOKOUS
AURINKO
VÄSYNYT
VESI
SÄÄ
VILLI

67 - Professions #1

```
V M U U S I K K O P V I M L
P A L O M I E S Z A C P E Ä
M D L T T Y L A A N C P R Ä
P E U M K I P T S K P J I K
K L T Z E W A T I K G T M Ä
U A R S F N O T A I E A I R
L K R D Ä Z T G N I O N E I
T I N T H S Y A A R L S S G
A M P F O A T F J I O S C I
S I Q D I G I Ä A A G I Z V
E E M V T J R R J Y I J G N
P S D T A U M A A Ä Y A A J
P Z Q Q J W Y Z F I U W P S
Ä J P I A N I S T I R D A J
```

ASIANAJAJA
PANKKIIRI
KARTOGRAFI
VALMENTAJA
TANSSIJA
LÄÄKÄRI
PALOMIES
GEOLOGI

METSÄSTÄJÄ
KULTASEPPÄ
LAKIMIES
MUUSIKKO
HOITAJA
PIANISTI
MERIMIES

68 - Dinosaurs

```
L  N  K  O  K  O  S  U  U  R  I  S  M  M
I  U  A  D  U  M  H  O  K  A  O  I  A  A
H  H  T  A  M  T  Ä  Y  P  P  N  I  T  M
A  F  O  S  S  I  I  L  I  T  J  V  E  M
N  V  A  B  A  H  J  G  D  O  B  E  L  U
S  O  M  C  J  A  Y  P  T  R  W  T  I  T
Y  I  I  E  V  O  L  U  U  T  I  O  J  T
Ö  M  N  D  H  F  C  I  E  E  N  U  A  I
J  A  E  N  V  H  C  E  S  W  W  P  L  G
Ä  K  N  Z  M  K  W  V  A  L  T  A  V  A
K  A  P  Y  R  S  T  Ö  Z  G  U  U  N  T
W  S  K  A  S  V  I  N  S  Y  Ö  J  Ä  B
E  U  N  P  D  M  A  A  A  K  B  D  J  O
M  H  N  V  C  E  L  A  J  I  T  B  V  H
```

LIHANSYÖJÄ	VOIMAKAS
KATOAMINEN	SAALIS
MAA	RAPTOR
VALTAVA	MATELIJA
EVOLUUTIO	KOKO
FOSSIILIT	LAJIT
KASVINSYÖJÄ	PYRSTÖ
SUURI	HÄIJY
MAMMUTTI	SIIVET

69 - Barbecues

```
C  S  K  N  D  R  H  O  L  K  K  M  O  Z
O  A  F  U  I  I  H  A  A  N  I  A  L  W
K  L  U  U  U  E  K  C  P  K  H  T  N  A
E  A  G  O  I  M  E  Y  S  T  Ä  V  Ä  A
S  A  S  R  Y  L  A  D  E  C  B  Z  L  V
Ä  T  H  S  I  K  A  S  T  I  K  E  K  M
V  I  G  U  A  L  Z  F  N  Z  O  D  Ä  U
B  T  U  O  E  G  L  H  U  B  G  P  A  S
G  A  F  L  E  R  P  I  E  K  Z  E  R  I
I  L  L  A  L  L  I  N  E  N  Q  R  U  I
F  H  P  E  H  E  D  E  L  M  Ä  H  O  K
T  O  M  A  A  T  I  T  V  W  Q  E  K  K
V  E  I  T  S  E  T  P  E  L  I  T  A  I
V  I  H  A  N  N  E  S  E  A  O  P  I  P
```

KANA	KUUMA
LAPSET	NÄLKÄ
ILLALLINEN	VEITSET
PERHE	MUSIIKKI
RUOKA	SALAATIT
GAFLER	SUOLA
YSTÄVÄ	KASTIKE
HEDELMÄ	KESÄ
PELIT	TOMAATIT
GRILLI	VIHANNES

70 - Surfing

```
H M V V A H V U U S T N D T
E E R A N T A Y U N V H T B
L S C L T Y Y L I S Ä Ä R M
D T Y T T S M W N G S M K J
L A Y A V A A H T O Z V T J
I R V M F U U W V B P V J I
Q I F E H A U S K A A E O W
D K C R R I U T T A Q U U H
C N E I Y Y H L U L M Z K S
A L O I T T E L I J A C K T
U R H E I L I J A A L T O H
N H O R S U O S I T T U J J
V F A C H F K D A H V P A Y
Ä Ä R I M M Ä I N E N P J D
```

URHEILIJA	SUOSITTU
RANTA	RIUTTA
ALOITTELIJA	NOPEUS
MESTARI	VATSA
JOUKKOJA	VAHVUUS
ÄÄRIMMÄINEN	TYYLI
VAAHTO	AALTO
HAUSKAA	SÄÄ
VALTAMERI	

71 - Chocolate

```
A R O M I E R N Z E Z H S P
L N J A U H E Y M K V E U J
K A A K A O S K H S T R O A
K R A U Z Q E Y M O B K S G
O T P T S J P K A T E U I O
K I D L U H T A A I B L K B
A S O K E R I R P S A L K Y
T A K C P B Z A Ä I I I V
K N M A K E A M H B N N Z L
E A G O L N B E K B E E A N
R L H I M O L L I S S N W N
A S Y Ö D Ä R L N E O C G S
M H T V A E M I Ä R S D O H
K O K O S N Ø T T K A D E V
```

AROMI	SUOSIKKI
ARTISANAL	AINESOSA
KATKERA	MAAPÄHKINÄT
KAAKAO	JAUHE
KALORI	LAATU
KARAMELLI	RESEPTI
KOKOSNØTT	SOKERI
HIMO	MAKEA
HERKULLINEN	MAKU
EKSOTISK	SYÖDÄ

72 - Vegetables

```
S  P  J  R  U  K  U  R  P  I  T  S  A  S
M  I  I  P  E  R  S  I  L  J  A  V  Z  A
U  Q  P  N  P  A  R  S  A  K  A  A  L  I
N  M  N  U  A  Y  K  B  C  Z  O  L  S  J
A  M  P  M  L  A  M  N  B  K  W  E  E  P
K  R  P  H  K  I  T  Z  S  U  H  O  L  O
O  N  T  B  Q  Z  R  T  N  R  E  S  L  R
I  N  K  I  V  Ä  Ä  R  I  K  R  I  E  K
S  Y  M  R  S  I  E  N  I  K  N  P  R  K
O  O  K  T  U  O  H  A  E  U  E  U  I  A
M  I  B  K  U  K  K  A  K  A  A  L  I  N
R  E  T  I  I  S  I  K  G  E  A  I  G  A
V  Y  A  U  O  T  O  M  A  A  T  T  I  V
S  A  L  A  A  T  T  I  N  A  U  R  I  S
```

ARTISOKKA	SIPULI
PARSAKAALI	PERSILJA
PORKKANA	HERNE
KUKKAKAALI	KURPITSA
SELLERI	RETIISI
KURKKU	SALAATTI
MUNAKOISO	PINAATTI
VALKOSIPULI	TOMAATTI
INKIVÄÄRI	NAURIS
SIENI	

73 - Boats

```
R  L  J  M  A  A  L  T  O  M  U  F  E  M
S  D  P  A  H  D  K  A  J  A  K  K  B  E
M  L  N  Q  H  A  S  N  U  S  B  P  B  R
Q  Y  M  G  L  T  T  K  K  T  H  E  K  I
C  K  Ö  Y  S  I  I  K  S  O  T  L  A  M
J  O  K  I  A  A  A  U  M  N  V  A  N  I
Ä  O  A  H  V  M  E  R  I  R  D  S  O  E
R  C  R  M  I  E  H  I  S  T  Ö  T  O  S
V  A  L  T  A  M  E  R  I  E  P  U  T  E
I  P  O  I  J  U  S  B  Y  L  S  S  T  U
P  U  R  J  E  V  E  N  E  A  O  V  I  T
V  U  O  R  O  V  E  S  I  K  B  E  Q  D
M  O  O  T  T  O  R  I  E  K  B  N  O  B
O  J  R  D  R  V  S  Q  K  A  Y  E  W  T
```

ANKKURI	MASTO
POIJU	VALTAMERI
KANOOTTI	JOKI
MIEHISTÖ	KÖYSI
TELAKKA	PURJEVENE
MOOTTORI	MERIMIES
LAUTTA	MERI
KAJAKK	VUOROVESI
JÄRVI	AALTO
PELASTUSVENE	JAHTI

74 - Activities and Leisure

```
S G M B A S E B A L L C O H
N U J A T A I D E L T A S A
Y I K A T R N B T K E M T R
R M A E L K C F B O N P O R
K A L W L K U W R R N I K A
K C A E M L A S B I I N S S
E H S V O J U P T P S G E T
I Z T D C L G S A A Y Y T U
L Z U Q P Z L W W L A F K K
Y H S G O L F N F L L O U S
M A A L A U S F E O Z O P E
K I L P A V A E L L U S R T
R E N T O U T T A V A Q F S
L A I N E L A U T A I L U L
```

TAIDE   MAALAUS
BASEBALL   KILPA
KORIPALLO   RENTOUTTAVA
NYRKKEILY   OSTOKSET
CAMPING   JALKAPALLO
SUKELLUS   LAINELAUTAILU
KALASTUS   UIMA
GOLF   TENNIS
VAELLUS   MATKUSTAA
HARRASTUKSET

75 - Driving

```
P O L T T O A I N E A K L J
T W V P O L I I S I U A L A
U Y R L V O G M Q Q T R I L
N D H D O A S E B I O T I A
N H O J N D A H I Z T T K N
E J P U N O E R F K A A E K
L W Z N E Q P P A U L H N U
I E U A T I E E A K L W N L
M O O T T O R I U A I U E K
G K N H O U C K T S S R H I
F A I D M W I J O C E F U J
J A R R U T C E W G O O L A
H S E K U L J E T T A J A J
Q U L I S E N S S I M J D R
```

ONNETTOMUUS	KARTTA
JARRUT	MOOTTORI
AUTO	JALANKULKIJA
VAARA	POLIISI
KULJETTAJA	TIE
POLTTOAINE	NOPEUS
AUTOTALLI	LIIKENNE
KAASU	KUKA
LISENSSI	TUNNELI

76 - Professions #2

```
H P U U T A R H U R I Y N K
A S T R O N A U T T I Y R U
M Y T U T K I J A Y K R P V
M G O A K E K S I J Ä S O I
A Q I V I N S I N Ö Ö R I T
S K M V R D L P F M V H K T
L F I I U K E Ä I R A J E A
Ä I T L R S B M Ä L D W M J
Ä L T J G Q M Y A K O A I A
K O A E I K I K Q A Ä T S A
Ä S J L E T S I V Ä L R T E
R O A I B I O L O G I A I I
I F A J P R O F E S S O R I
Z I K Ä O P E T T A J A N I
```

ASTRONAUTTI
BIOLOGI
KEMISTI
HAMMASLÄÄKÄRI
ETSIVÄ
INSINÖÖRI
VILJELIJÄ
PUUTARHURI
KUVITTAJA
KEKSIJÄ

TOIMITTAJA
TAIDEMAALARI
FILOSOFI
LÄÄKÄRI
PILOTTI
PROFESSORI
TUTKIJA
KIRURGI
OPETTAJA

77 - Emotions

```
Y  S  I  S  Ä  L  T  Ö  I  R  S  Z  M  I
I  L  U  C  O  R  A  K  K  A  U  S  Y  K
L  N  L  U  I  E  Q  D  R  U  R  T  Ö  Ä
O  G  N  Ä  T  J  E  N  E  H  U  Y  T  V
W  Q  Q  O  T  U  B  V  N  A  L  Y  Ä  Y
O  M  F  B  I  Y  T  Y  T  V  L  T  T  S
C  W  J  T  J  S  S  T  O  B  I  Y  U  T
H  E  L  L  Y  Y  S  P  A  H  S  V  N  Y
Y  C  Z  J  H  E  S  A  K  A  U  Ä  T  M
H  E  L  P  O  T  U  S  A  J  U  I  O  I
H  V  A  U  T  U  U  S  U  N  S  N  H  N
U  P  K  I  I  T  O  L  L  I  N  E  N  E
P  E  L  K  O  H  M  J  J  K  D  N  V  N
Y  S  T  Ä  V  Ä  L  L  I  S  Y  Y  S  Y
```

SUUTUTTAA	RAKKAUS
AUTUUS	RAUHA
IKÄVYSTYMINEN	RENTO
SISÄLTÖ	HELPOTUS
INNOISSAAN	SURULLISUUS
PELKO	TYYTYVÄINEN
KIITOLLINEN	YLLÄTYS
ILO	MYÖTÄTUNTO
YSTÄVÄLLISYYS	HELLYYS

78 - Mythology

```
K  H  I  R  V  I  Ö  W  W  Y  R  K  A  A
L  A  B  Y  R  I  N  T  T  I  A  U  O  R
U  C  T  F  W  K  O  S  T  O  P  L  L  K
G  K  S  E  Z  F  J  P  S  H  B  T  E  E
Y  A  O  U  U  J  U  M  A  L  A  T  N  T
V  T  D  S  D  S  O  K  N  Y  O  U  T  Y
S  A  N  K  A  R  I  G  K  S  K  U  O  P
L  S  S  O  B  S  T  K  A  O  R  G  E
E  T  O  M  G  A  A  E  R  E  N  I  T  F
G  R  T  U  W  L  I  F  I  U  K  E  Q  K
E  O  U  K  P  A  V  T  T  O  N  E  N  U
N  F  R  S  S  M  A  V  A  H  V  U  U  S
D  I  I  E  M  A  S  N  R  G  E  N  W  E
A  S  M  T  L  U  O  M  I  N  E  N  C  D
```

ARKETYPE	KATEUS
USKOMUKSET	LABYRINTTI
LUOMINEN	LEGENDA
OLENTO	SALAMA
KULTTUURI	HIRVIÖ
JUMALAT	KOSTO
KATASTROFI	VAHVUUS
TAIVAS	UKKONEN
SANKARI	SOTURI
SANKARITAR	

79 - Hair Types

```
K  I  H  A  R  A  E  K  S  C  G  E  H  A
R  U  S  K  E  A  D  E  U  P  I  K  A  A
O  P  P  Y  P  S  P  A  W  I  Q  I  R  L
K  A  L  J  U  V  I  U  U  H  V  H  M  T
T  A  I  L  N  Ä  T  C  N  Z  P  A  A  O
G  K  T  F  O  R  K  H  E  O  R  R  A  I
P  Z  A  V  S  I  Ä  W  O  C  T  A  T  L
M  U  S  T  A  L  O  M  U  V  J  T  M  E
V  O  K  I  I  L  T  Ä  V  Ä  E  L  U  V
A  R  H  P  H  I  A  I  W  T  P  W  T  A
A  E  I  U  K  N  O  P  P  E  H  M  E  Ä
L  Y  H  Y  T  E  C  K  J  R  J  K  H  Q
E  E  T  L  K  N  Q  N  W  V  Q  D  O  N
A  P  A  K  S  U  W  B  S  E  S  T  N  K
```

KALJU	HARMAA
MUSTA	TERVE
VAALEA	PITKÄ
PUNOTTU	KIILTÄVÄ
PUNOS	LYHYT
RUSKEA	PEHMEÄ
VÄRILLINEN	PAKSU
KIHARAT	OHUT
KIHARA	AALTOILEVA
KUIVA	

80 - Furniture

```
P  N  Z  Y  J  O  F  T  P  Q  N  C  A  B
S  E  O  B  R  Q  J  Y  T  K  R  G  R  P
T  Ä  N  J  T  I  H  Y  L  R  I  T  M  A
Y  U  N  K  A  H  M  N  M  F  I  U  O  T
Ö  Z  G  K  K  T  Y  Y  N  Y  P  O  I  J
P  L  P  G  Y  I  U  T  N  V  P  L  R  A
Ö  T  J  N  F  V  C  O  A  N  U  I  E  H
Y  M  A  G  A  S  Y  A  L  L  M  H  M  Y
T  M  A  T  T  O  Q  V  A  I  A  Z  B  L
Ä  E  V  E  R  H  O  T  M  O  T  A  W  L
P  E  I  L  I  V  H  R  P  O  T  F  Y  Y
V  E  P  R  J  A  N  A  P  S  O  V  J  T
R  K  G  E  G  Z  R  U  U  P  Y  R  P  J
F  U  T  O  N  C  D  L  F  Q  Z  F  F  M
```

NOJATUOLI	FUTON
ARMOIRE	RIIPPUMATTO
SÄNKY	LAMPPU
PENKKI	PATJA
TUOLI	PEILI
SOHVA	TYYNY
VERHOT	MATTO
TYYNYT	HYLLYT
TYÖPÖYTÄ	

81 - Garden

```
D  L  O  K  O  F  O  O  S  C  U  Y  A  R
V  B  P  U  U  T  A  R  H  A  T  W  U  I
Q  R  V  I  G  E  I  P  R  A  K  E  T  I
N  A  Z  S  R  R  T  E  U  A  B  A  O  P
L  U  L  T  E  A  A  N  O  S  U  M  T  P
A  A  R  I  S  S  M  K  H  U  K  A  A  U
Z  N  P  M  S  S  S  K  O  A  T  A  L  M
J  G  A  I  I  I  I  P  F  J  P  L  A
P  U  U  L  O  K  L  A  M  P  I  E  I  T
L  E  T  K  U  C  K  C  Y  M  T  R  D  T
H  V  A  V  I  A  F  O  H  W  K  Ä  R  O
H  E  D  E  L  M  Ä  T  A  R  H  A  E  U
Z  R  U  T  R  A  M  P  O  L  I  I  N  I
I  O  V  R  Z  H  Y  Z  N  K  U  K  K  A
```

PENKKI	HEDELMÄTARHA
PUSKA	LAMPI
AITA	KUISTI
KUKKA	RAKE
AUTOTALLI	LAPIO
PUUTARHA	MAAPERÄ
RUOHO	TERASSI
RIIPPUMATTO	TRAMPOLIINI
LETKU	PUU
NURMIKKO	UGRESS

82 - Birthday

```
T  L  I  S  P  E  S  I  E  L  L  N  A  S
K  A  L  E  N  T  E  R  I  M  S  S  N  O
U  H  O  N  N  E  L  L  I  N  E  N  U  P
T  J  I  U  A  K  Y  F  C  G  K  S  O  P
S  A  N  B  T  A  A  R  A  E  Y  U  R  I
U  Y  E  Q  A  Q  T  H  T  S  N  V  I  A
T  H  N  Z  O  M  C  K  O  R  T  I  T  I
T  A  J  T  C  N  J  A  Y  S  T  I  L  K
Q  U  V  U  Y  K  E  K  S  G  I  S  A  A
Q  S  A  U  H  N  W  K  T  D  L  A  U  M
R  K  P  O  O  L  Y  U  Ä  K  Ä  U  L  G
U  A  O  U  L  S  A  T  V  A  P  S  U  N
S  A  J  L  P  Ä  I  V  Ä  H  R  U  Y  T
G  C  L  N  H  A  I  F  O  H  D  P  C  J
```

SYNTYNYT	ONNELLINEN
KAKKU	KUTSUT
KALENTERI	ILOINEN
KYNTTILÄ	LAULU
KORTIT	SPESIELL
JUHLA	AIKA
PÄIVÄ	OPPIA
YSTÄVÄ	VIISAUS
HAUSKAA	VUOSI
LAHJA	NUORI

83 - Beach

```
P F Q F S G A A H Q Y P H I
U E M W A V D U B B N Y I N
R I U T T A M J R H O Y E R
J L Y T E L O M A I T H K S
E B L T E L A K K A N E K A
V R A N N I K K O Z P K A N
E P F T V L V E N E O A O D
N O I V A M A S A A R I L A
E T D E R Q E G Z C M A E A
D W J K J P F R U B S A U L
R A P U O N U N I U I A M I
V A L T A M E R I J N M R T
H L Y I H L J W H V Y I R Z
S I N I N E N F K F Q E Z V
```

SININEN   PURJEVENE
VENE   HIEKKA
RANNIKKO   SANDAALIT
RAPU   MERI
TELAKKA   AURINKO
SAARI   PYYHE
LAGUUNI   SATEENVARJO
VALTAMERI   LOMA
RIUTTA

84 - Adjectives #1

```
K  J  M  O  D  E  R  N  I  P  M  D  U  E
R  E  H  E  L  L  I  N  E  N  N  V  G  K
U  J  O  H  U  T  Q  S  H  F  O  I  T  S
A  K  O  I  D  E  N  T  T  I  N  E  N  O
K  V  N  D  A  J  C  G  Q  L  R  H  H  T
V  K  N  A  P  N  M  J  E  I  A  Ä  Y  I
E  A  E  S  U  V  T  I  M  A  S  T  I  S
H  U  L  U  A  G  A  E  Q  C  K  T  W  K
D  N  L  T  F  Y  G  K  L  Q  A  Ä  S  O
O  I  I  I  A  A  G  P  A  I  S  V  T  R
T  S  N  N  D  V  D  Y  I  V  A  Ä  U  V
O  G  E  S  O  R  A  G  W  V  A  S  M  M
N  J  N  K  T  Ä  R  K  E  Ä  E  Y  M  R
A  R  O  M  A  A  T  T  I  N  E  N  A  Y
```

EHDOTON	APUA
AROMAATTINEN	REHELLINEN
VIEHÄTTÄVÄ	VALTAVA
KAUNIS	IDENTTINEN
TUMMA	TÄRKEÄ
EKSOTISK	MODERNI
ANTELIAS	VAKAVA
ONNELLINEN	HIDAS
RASKAS	OHUT

85 - Technology

```
T  T  I  E  D  O  S  T  O  O  I  P  O  T
V  U  S  E  L  A  I  N  H  I  K  P  H  I
H  T  I  E  T  O  K  O  N  E  J  Y  J  L
R  K  U  R  S  O  R  I  Q  W  G  F  E  A
V  I  R  T  U  A  A  L  I  N  E  N  L  S
K  M  F  B  I  N  T  E  R  N  E  T  M  T
A  U  V  O  L  W  N  Ä  Y  T  T  Ö  I  O
M  S  P  I  N  O  I  O  V  A  I  O  S  T
E  V  N  Z  R  T  G  F  H  V  E  Q  T  E
R  F  R  M  V  U  T  I  P  U  D  G  O  F
A  M  I  H  V  Z  S  I  K  A  O  Y  R  D
H  O  H  E  Z  F  F  K  I  V  T  T  U  M
D  I  G  I  T  A  A  L  I  N  E  N  L  J
V  I  E  S  T  I  E  K  J  F  K  L  Q  H
```

BLOGI	FONTTI
SELAIN	INTERNET
TAVUA	VIESTI
KAMERA	TUTKIMUS
TIETOKONE	NÄYTTÖ
KURSORI	OHJELMISTO
TIEDOT	TILASTOT
DIGITAALINEN	VIRTUAALINEN
TIEDOSTO	VIRUS

86 - Landscapes

```
S  S  Q  O  J  J  H  I  B  J  P  J  V  G
U  W  E  Y  P  Ä  Ä  T  R  O  S  I  O  K
O  U  C  A  C  M  Ä  R  K  K  A  L  L  B
L  U  O  L  A  E  N  V  V  I  A  I  C  T
K  W  P  T  Y  R  F  D  U  I  R  D  A  D
K  E  J  U  L  I  N  M  G  O  I  J  N  W
B  A  I  N  D  L  G  Ä  O  H  R  N  O  K
Q  B  G  D  L  A  A  K  S  O  A  I  Y  G
R  W  M  R  A  K  P  I  V  V  N  E  Q  E
D  K  L  A  U  S  I  Y  W  U  T  M  S  Y
V  A  L  T  A  M  E  R  I  O  A  I  U  S
A  A  V  I  K  K  O  U  V  R  N  M  C  I
E  P  R  M  F  A  J  O  G  I  S  A  P  R
J  Ä  Ä  T  I  K  K  Ö  Z  V  O  A  C  F
```

RANTA	KEIDAS
LUOLA	VALTAMERI
AAVIKKO	NIEMIMAA
GEYSIR	JOKI
JÄÄTIKKÖ	MERI
MÄKI	SUO
JÄÄVUORI	TUNDRA
SAARI	LAAKSO
JÄRVI	VOLCANO
VUORI	

87 - Visual Arts

```
K O O S T U M U S E J Z K N
A J E M A V E I S T O S I Ä
R N L A I D S W E G L P M K
K R O A T Z T R S C Y A Z Ö
K A K L E L A K K A I R K K
I G U A I H R T M N J A M U
T L V U L I I T U A Y F U L
E U A S I N T Y Z L K I O M
H O H I J J E I Y K Y I T A
T V K D A Q O W U K N N O P
U U K Y N Ä S E H T Ä I K C
U U S A V I H Y A Q U T U A
R S G B F B V A L O K U V A
I A U K E R A M I I K K A Z
```

ARKKITEHTUURI	MAALAUS
TAITEILIJA	KYNÄ
KERAMIIKKA	LYIJYKYNÄ
LIITU	NÄKÖKULMA
SAVI	VALOKUVA
KOOSTUMUS	MUOTOKUVA
LUOVUUS	VEISTOS
ELOKUVA	LAKKA
MESTARITEOS	PARAFIINI

88 - Plants

```
R U O H O E B P U S K A C A
M E T S Ä O R A U H E K L T
T K S J U B E P D U G A A L
E A U K U Z B U I Q N K N P
R S G A U U M A R J A T N U
Ä V J S U K R R M Y V U O U
L I E V T C K I H Q G S I T
E S M I M L S A M M A L T A
H T J T L V A R S I A W E R
T O T I M U R A T T I L K H
I T L E H T I E N E Y F H A
Q G R D D T C R K L L G Q Z
U S K E I R K N E B A M B U
K A S V I L L I S U U S O O
```

BAMBU
PAPU
MARJA
KASVITIEDE
PUSKA
KAKTUS
LANNOITE
KASVISTO
KUKKA
LEHTIEN

METSÄ
PUUTARHA
RUOHO
MURATTI
SAMMAL
TERÄLEHTI
JUURI
VARSI
PUU
KASVILLISUUS

89 - Countries #2

```
G S V E N Ä J Ä C W N J I M
E O I S T L A O S H I A N Q
P M E K S I K O T A G P L Y
Z A L U Y B O Z G I E A C U
V L V E Y A B P D T R N Y D
I I M S R N S K I I I J P
J A J U I O M N R A A P C D
A S U D A N L I B E R I A F
M L P A K I S T A N I N L F
A P B N E P A L V M W K P G
I Z J A F U G A N D A T K J
K D V G N U K R A I N A K A
A D G E O I T A N S K A R B
N C F C E E A U I V B P Z U
```

ALBANIA
TANSKA
ETIOPIA
KREIKKA
HAITI
JAMAIKA
JAPANI
LAOS
LIBANON
LIBERIA

MEKSIKO
NEPAL
NIGERIA
PAKISTAN
VENÄJÄ
SOMALIA
SUDAN
SYYRIA
UGANDA
UKRAINA

90 - Ecology

```
M  K  W  D  Y  J  J  L  V  Z  G  K  E  S
G  F  M  K  R  J  O  U  U  O  S  A  L  E
Y  J  V  K  E  W  V  O  O  V  A  S  A  L
M  B  Y  A  S  K  E  N  R  S  O  V  S  V
B  E  M  S  U  O  L  N  E  I  R  I  Z  I
Y  U  R  V  R  R  Ä  O  T  H  T  S  Z  Y
L  H  P  I  S  G  I  L  M  A  S  T  O  T
U  M  T  T  S  T  M  L  A  U  K  O  G  Y
O  G  A  E  I  G  I  I  J  J  U  W  G  M
N  U  E  R  I  A  S  N  R  H  I  I  A  I
T  Q  J  C  P  S  T  E  G  A  V  T  D  N
O  L  N  Z  M  O  Ö  N  F  U  U  H  M  E
K  E  S  T  Ä  V  Ä  K  N  L  U  R  G  N
M  A  K  A  S  V  I  L  L  I  S  U  U  S
```

ILMASTO	LUONNOLLINEN
YHTEISÖ	LUONTO
KUIVUUS	KASVIT
ELÄIMISTÖ	RESURSSI
KASVISTO	LAJIT
MERI	SELVIYTYMINEN
SUO	KESTÄVÄ
VUORET	KASVILLISUUS

91 - Adjectives #2

```
T U O T T A V A Y K H B Q T
L P K E U K U V A U S A D Y
U O E R T N V E H I N P R Y
O R N V Z Y E I S V K A A L
N O N E P K R L L A Q U M I
N Ä R N R U Y L I L I S A K
O A L P U U L U K A I A A Ä
L F A K S L P O K V S I T S
L I H F Ä U E V U A A T T Q
I T J U O I Ä A U H E O I T
N R A U M S N I M V J B N Z
E V K S C A U E A A U V E V
N S A I P B D J N W W J N E
Z H S S U O L A I N E N I K
```

AITO
LUOVA
KUVAUS
DRAMAATTINEN
KUIVA
TYYLIKÄS
KUULUISA
LAHJAKAS
TERVE
KUUMA

NÄLKÄINEN
LUONNOLLINEN
UUSI
TUOTTAVA
YLPEÄ
SUOLAINEN
UNELIAS
VAHVA
VILLI

92 - Math

```
H M U S M J W A S K T G S D
A Z C E Ä T B R Y O I E U Y
L V N P Y D Y I M L L O U H
K E H Ä M M E T M M A M N T
A K Z D P Y P M E I V E N Ä
I K Z E Ä G U E T O U T I L
S U A S R Z G E R A U R K Ö
I K C I Y M D T I U S I A T
J W B M S U T T A T Q A S Z
A A N A M O N I K U L M I O
A S E A I P J N U M E R O H
K Y Y L T N I E K U L M A T
T U A I T P V N E L I Ö C Y
R I N N A K K A I N E N F S
```

KULMAT
ARITMEETTINEN
YMPÄRYSMITTA
DESIMAALI
HALKAISIJA
YHTÄLÖ
JAE
GEOMETRIA
NUMERO

RINNAKKAINEN
SUUNNIKAS
KEHÄ
MONIKULMIO
SÄDE
NELIÖ
SYMMETRIA
KOLMIO
TILAVUUS

93 - Water

```
P A K K A N E N M V W K W K
F F L L H H V B V Y O A Y E
J H A I H T U M I N E N T E
K Ä V A L T A M E R I A K M
Y O Ä G E Y S I R R M V S H
J P S N W Y B R D E S A U Ö
M J P T S A D E J Ä R V I Y
K O M K E L J V I Z E Q H R
O A N A T U L V A A Q V K Y
S A K S L M S J W V P N U D
T L H T U I T B R F V V J Z
E T B E H U R R I K A A N I
A O N L Z O N C H E Z J Z Z
S Q M U V V U I R D J O K I
```

KANAVA
KOSTEA
HAIHTUMINEN
TULVA
PAKKANEN
GEYSIR
HURRIKAANI
JÄÄN
KASTELU
JÄRVI

KOSTEUS
MONSUUNI
VALTAMERI
SADE
JOKI
SUIHKU
LUMI
HÖYRY
AALTO

94 - Activities

```
K U Z T V A P A A A H W E R
E L I O A P V M I N V Q U E
R O V I E T U E P L L P U N
A K T M L C S T N P O W I T
M A R I L V Y S U E E P W O
I L P N U A A Ä W L E Q O U
I A P T S L J S B U M T M T
K S F A S O C T P K A E P U
K T T A I K A Y T E A S E M
A U A B F U M S A M L J L I
M S I M G V P U I I A I U N
W S D I P A I K T N U B T E
O U E C L U N R O E S D Q N
H Q A N B S G Y O N N R B R
```

TOIMINTA
TAIDE
CAMPING
KERAMIIKKA
VENEET
KALASTUS
PELIT
VAELLUS
METSÄSTYS
ETU

VAPAA
TAIKA
MAALAUS
VALOKUVAUS
ILO
LUKEMINEN
RENTOUTUMINEN
OMPELU
TAITO

95 - Literature

```
R  B  P  R  D  P  Ä  Ä  T  E  L  M  Ä  Y
M  U  A  U  R  I  L  Y  T  S  R  A  H  F
E  T  N  N  O  D  A  N  A  L  Y  Y  S  I
T  E  E  O  M  T  Q  L  G  Q  T  V  K  K
A  E  K  L  A  P  I  E  O  L  M  Q  U  T
F  M  D  L  A  N  A  L  O  G  I  A  V  I
O  A  O  I  N  M  Z  Ä  Z  T  L  Q  A  O
R  S  O  N  I  S  E  M  Y  O  U  C  U  T
A  A  T  E  K  I  J  Ä  B  B  Q  W  S  A
I  K  T  N  L  E  Q  K  G  H  Q  O  I  M
G  J  I  W  Z  L  V  E  R  T  A  I  L  U
K  E  R  T  O  J  A  R  Q  M  J  P  M  U
M  V  I  S  U  I  B  T  Y  Y  L  I  B  L
N  V  K  Q  A  K  D  A  Z  L  G  L  W  R
```

ANALOGIA	FIKTIOTA
ANALYYSI	METAFORA
ANEKDOOTTI	KERTOJA
TEKIJÄ	ROMAANI
ELÄMÄKERTA	RUNO
VERTAILU	RUNOLLINEN
PÄÄTELMÄ	RYTMI
KUVAUS	TYYLI
DIALOG	TEEMA

96 - Geography

```
M A A N O S A K J B M P H E
Q Y G C B S C E O O R L A T
W O A M A A S S A R K H L E
K A R T T A O P R R K I V L
F A R E K R N Q I V M E K Ä
G L Ä N S I T B Z S E K U I
V U O R I R U I E Y R A L S
P O H J O I N E N I I U E M
L E V E Y S A S T E D P C A
N J R L K P C D A M I U A A
Y N K L L Y A L U E A N T I
V A L T A M E R I R A K L L
J L S G N P Z K H I N I A M
Y E Q D O Q J D K S I T S A
```

KORKEUS	VUORI
ATLAS	POHJOINEN
KAUPUNKI	VALTAMERI
MAANOSA	ALUE
MAASSA	JOKI
HALVKULE	MERI
SAARI	ETELÄ
LEVEYSASTE	LÄNSI
KARTTA	MAAILMA
MERIDIAANI	

97 - Pets

```
P  Q  E  J  N  Z  P  P  S  L  H  L  H  A
E  E  P  Y  R  S  T  Ö  V  H  I  R  I  Q
L  J  N  K  Y  S  V  P  E  M  H  I  I  T
Ä  K  C  T  L  O  B  P  S  T  N  W  R  V
I  I  H  R  U  O  K  A  I  F  A  T  I  L
N  L  E  H  M  Ä  H  A  M  S  T  E  R  I
L  P  A  P  U  K  A  I  J  A  E  P  K  S
Ä  I  N  H  T  A  A  R  H  Q  Y  R  A  K
Ä  K  C  I  U  L  T  A  S  S  U  T  U  O
K  O  I  R  A  A  E  V  R  S  G  W  L  F
Ä  N  O  K  A  T  T  U  N  G  E  Z  U  K
R  N  U  L  A  F  V  O  T  S  H  O  S  S
I  A  F  E  S  N  S  H  A  K  I  S  S  A
O  V  P  J  R  I  I  I  G  F  G  W  N  Z
```

KISSA	LISKO
KAULUS	HIIRI
LEHMÄ	PAPUKAIJA
KOIRA	TASSUT
KALA	PENTU
RUOKA	KANI
VUOHI	PYRSTÖ
HAMSTERI	KILPIKONNA
KATTUNGE	ELÄINLÄÄKÄRI
HIHNA	VESI

98 - Nature

```
L H Z A D O H Z T R D U V R
M E T S Ä Y G W K V Y O K D
H L H U P P N V U O R E T J
T Ä A T W J N A A V I K K O
Ä I B P I L V I A R Y S L K
R M F U T E J S U M U E E I
K E N T C U N O H M I N D L
E T E R O O S I O J W N W R
Ä W G O M E H I L Ä I N E N
T R O O P P I N E N U Z F N
R A U H A L L I N E N D T J
J Ä Ä T I K K Ö V I L L I H
K A U N E U S P Y H Ä K K Ö
K A L L I O A R K T I N E N
```

ELÄIMET   LEHTIEN
ARKTINEN   METSÄ
KAUNEUS   JÄÄTIKKÖ
MEHILÄINEN   VUORET
KALLIO   RAUHALLINEN
PILVI   JOKI
AAVIKKO   PYHÄKKÖ
DYNAAMINEN   TROOPPINEN
EROOSIO   TÄRKEÄ
SUMU   VILLI

99 - Championship

```
G  R  H  A  P  L  B  K  H  T  C  V  V  Q
N  O  B  F  U  E  E  W  V  U  T  O  M  V
A  R  F  N  K  N  L  H  W  O  I  I  F  M
T  U  R  N  A  U  S  I  U  M  I  T  M  O
K  U  K  M  M  N  J  K  T  A  M  T  I  T
E  R  Z  E  E  I  W  I  W  R  I  O  J  I
S  H  J  S  L  S  J  E  L  I  I  G  A  V
T  E  B  T  D  A  T  U  S  C  F  W  T  A
Ä  I  P  A  F  I  N  A  L  I  S  T  I  A
V  L  K  R  G  I  Q  F  R  T  T  N  L  T
Y  U  R  I  F  U  K  U  T  U  Z  Y  W  I
Y  S  T  R  A  T  E  G  I  A  U  Y  S  O
S  V  A  L  M  E  N  T  A  J  A  S  Y  P
T  M  I  T  A  L  I  S  C  U  H  U  O  E
```

MESTARI	MOTIVAATIO
MESTARUUS	ESITYS
VALMENTAJA	HIKI
KESTÄVYYS	URHEILU
FINALISTI	STRATEGIA
PELIT	TIIMI
TUOMARI	TURNAUS
LIIGA	VOITTO
MITALI	

100 - Vacation #2

```
W  U  U  R  V  D  E  Z  M  V  P  P  W  T
G  U  L  K  A  R  T  T  A  S  P  A  B  R
Y  O  K  L  S  N  M  W  T  S  V  S  C  C
S  V  O  A  U  Q  T  A  K  S  I  S  A  S
T  A  M  H  S  F  R  A  A  B  I  I  M  K
E  P  A  E  B  H  T  A  H  E  S  J  P  O
L  A  A  R  C  O  J  H  V  V  U  W  I  U
T  A  L  Y  I  T  T  Z  A  S  M  A  N  L
T  V  A  H  O  E  R  D  W  V  I  Q  G  U
A  J  I  S  K  L  G  P  B  L  N  Z  C  T
W  J  N  M  L  L  K  K  O  H  D  E  T
J  J  E  Z  N  I  F  L  T  M  E  R  I  A
N  A  N  V  U  O  R  E  T  A  V  G  H  A
U  L  K  O  M  A  I  N  E  N  D  T  T  V
```

LUFTHAVN	VAPAA
RANTA	KARTTA
CAMPING	VUORET
KOHDE	PASSI
ULKOMAINEN	MERI
ULKOMAALAINEN	TAKSI
LOMA	TELTTA
HOTELLI	KOULUTTAA
SAARI	VIISUMI
MATKA	

1 - Food #1

2 - Castles

3 - Exploration

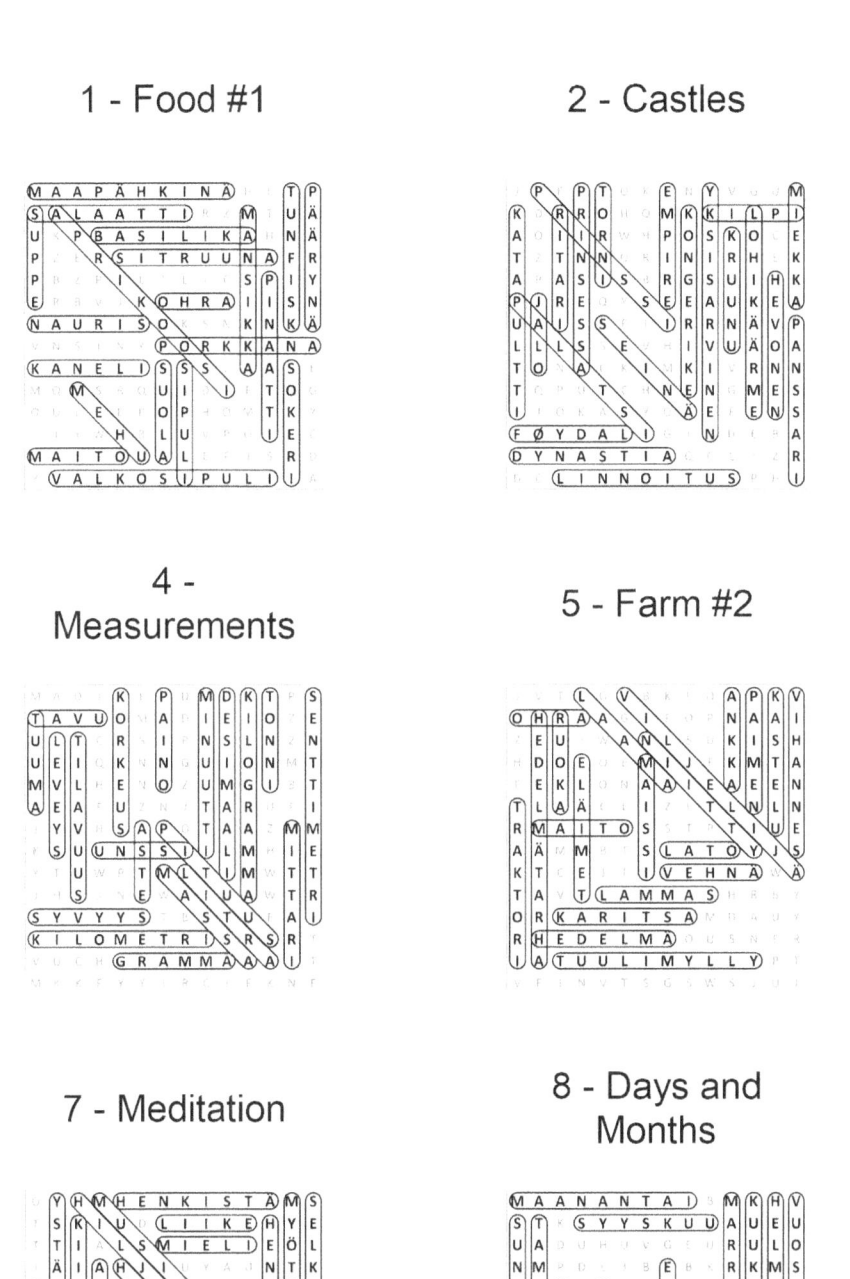

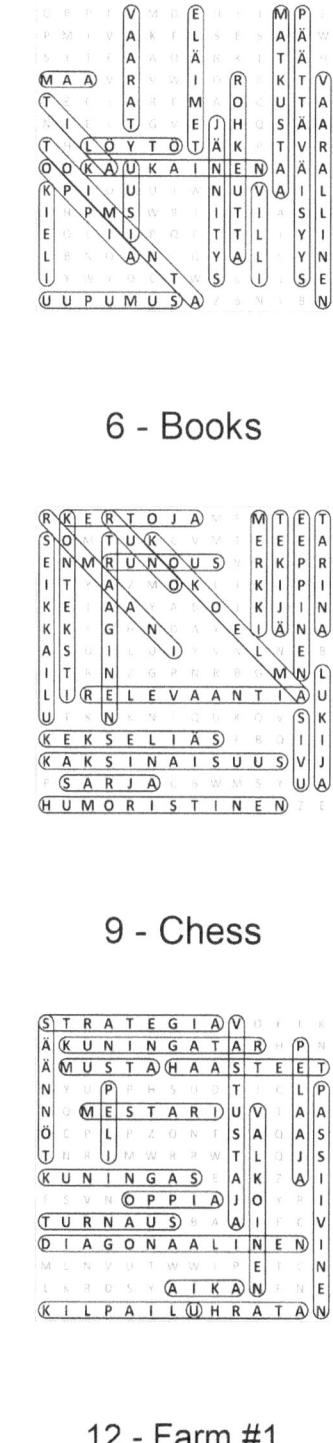

4 - Measurements

5 - Farm #2

6 - Books

7 - Meditation

8 - Days and Months

9 - Chess

10 - Food #2

11 - Family

12 - Farm #1

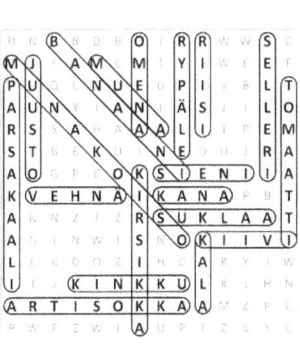

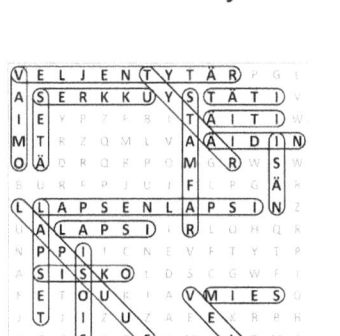

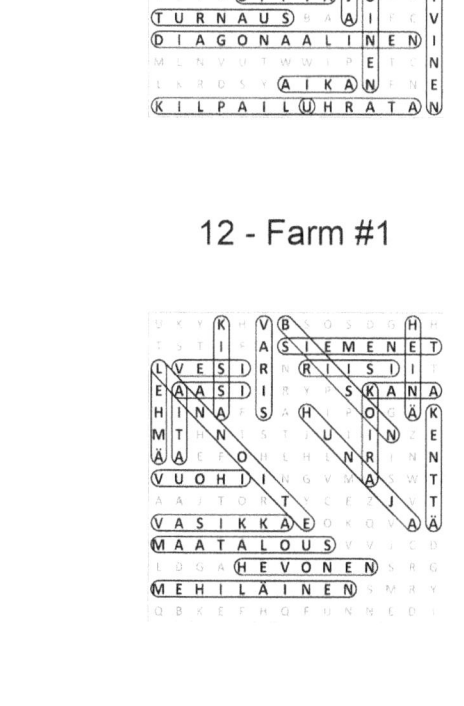

13 - Camping

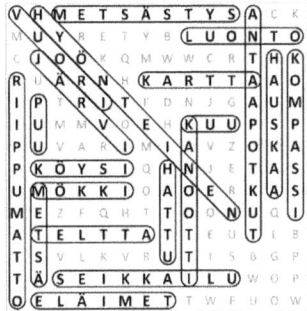

14 - Conservation

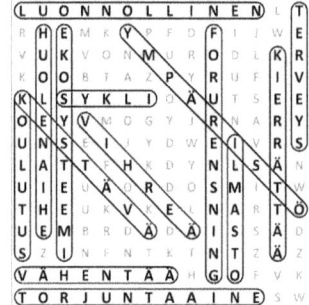

15 - Cats

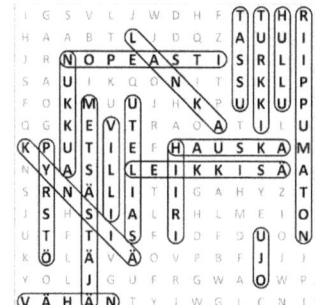

16 - Numbers

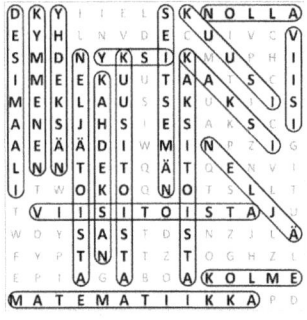

17 - Spices

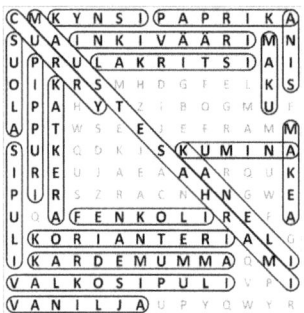

18 - Mammals

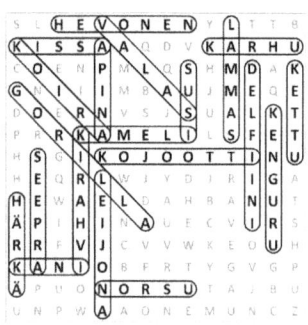

19 - Fishing

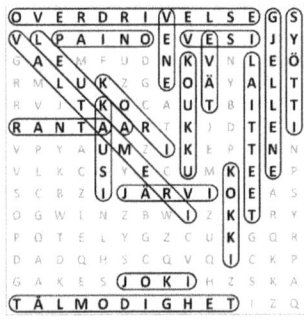

20 - Restaurant #1

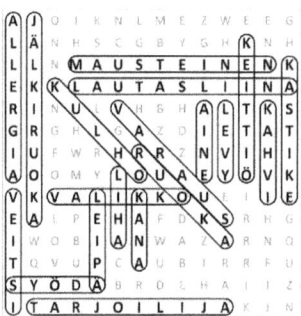

21 - Bees

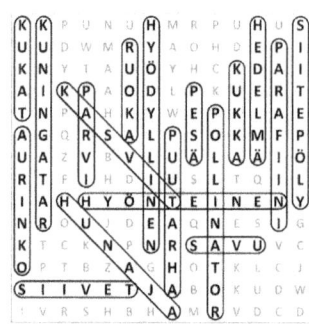

22 - Sports

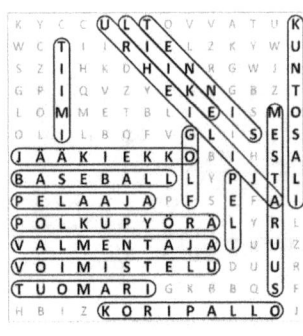

23 - Weather

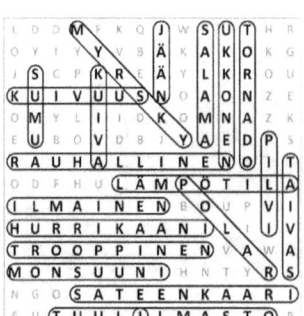

24 - Adventure

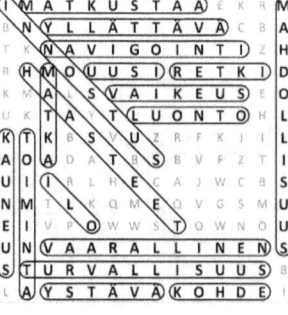

25 - Circus

26 - Restaurant #2

27 - Geology

28 - House

29 - Bathroom

30 - School #1

31 - Dance

32 - Colors

33 - Climbing

34 - Shapes

35 - Scientific Disciplines

36 - School #2

37 - Science

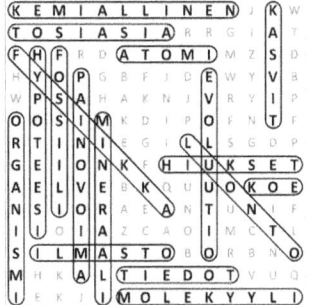

38 - To Fill

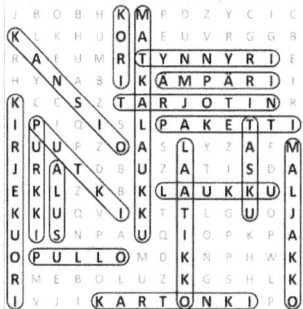

39 - Summer

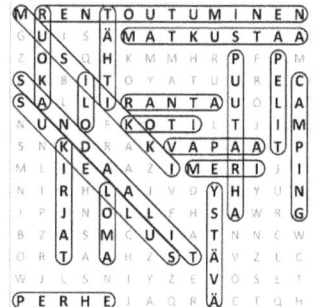

40 - Clothes

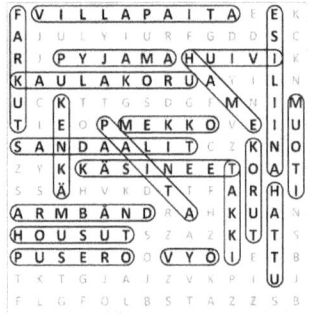

41 - Dogs

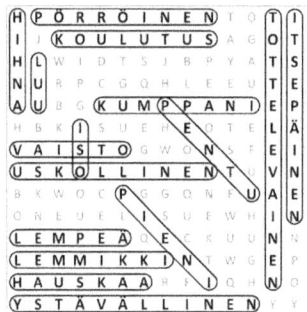

42 - Insects

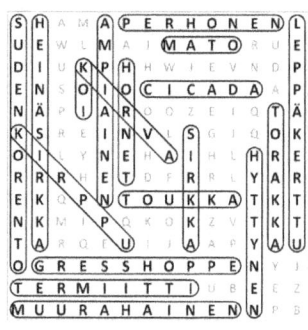

43 - Astronomy

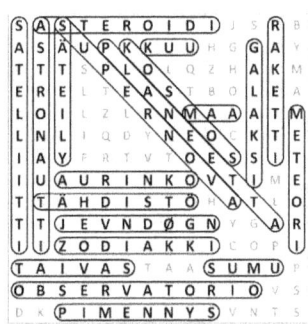

44 - Pirates

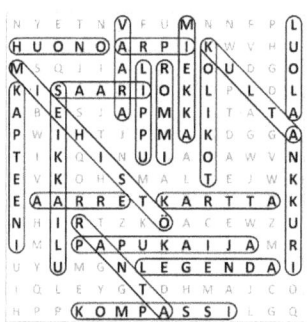

45 - Time

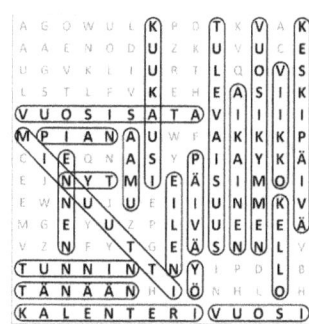

46 - Buildings

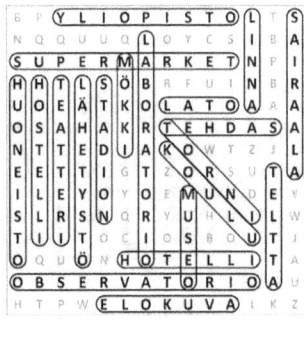

47 - Herbalism

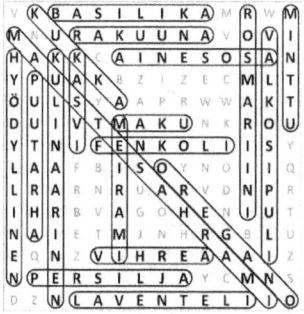

48 - Toys

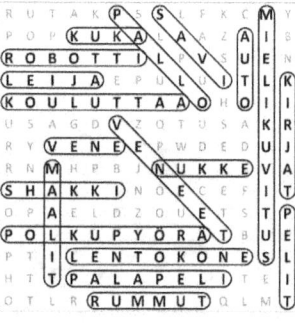

49 - Vehicles

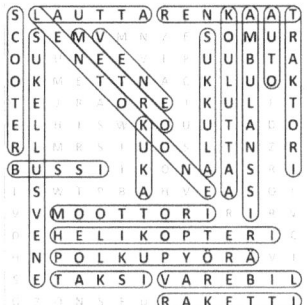

50 - Flowers

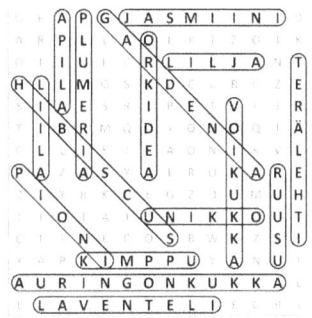

51 - Town

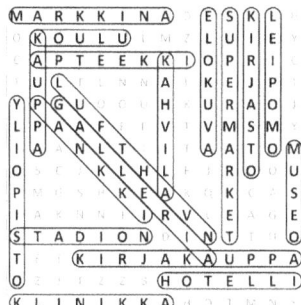

52 - Antarctica

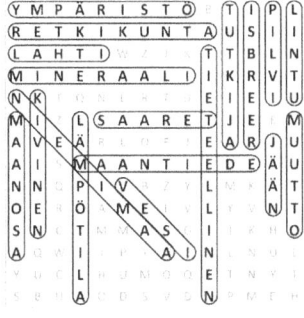

53 - Ballet

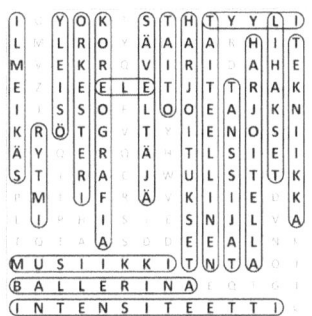

54 - Human Body

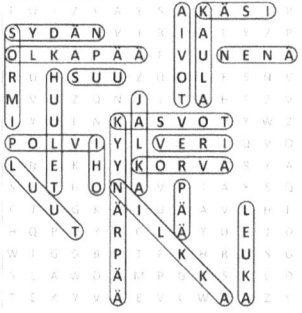

55 - Musical Instruments

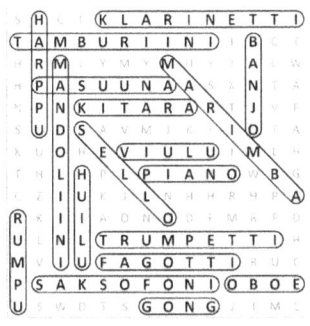

56 - Fruit

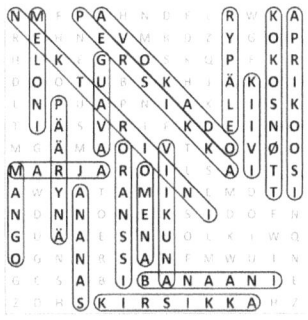

57 - Virtues #1

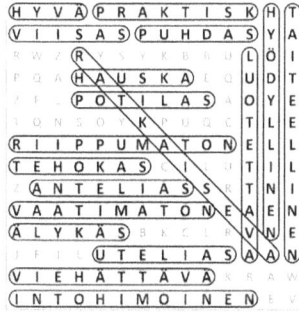

58 - Kitchen

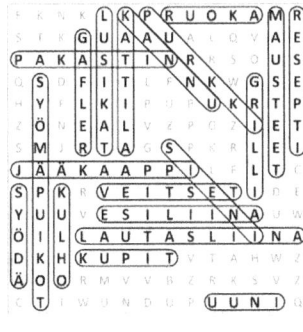

59 - Art Supplies

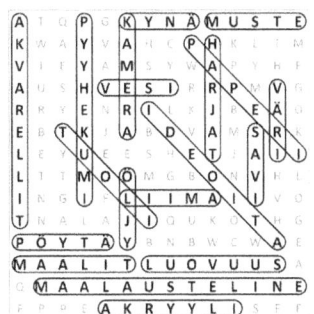

60 - Science Fiction

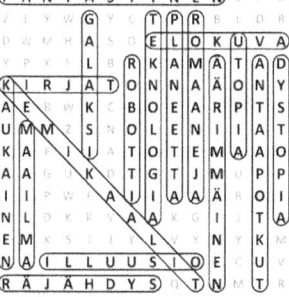

61 - Airplanes

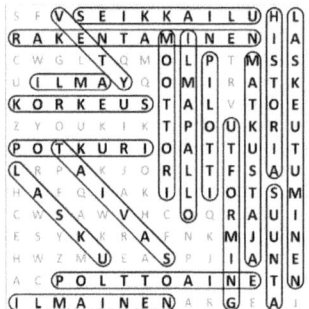

62 - Ocean

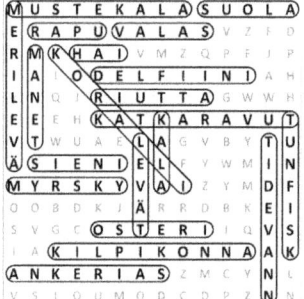

63 - Birds

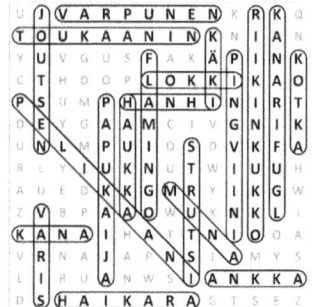

64 - Art

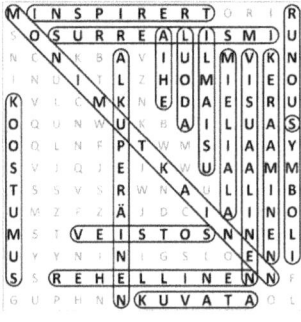

65 - Nutrition

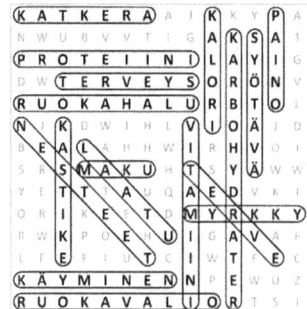

66 - Hiking

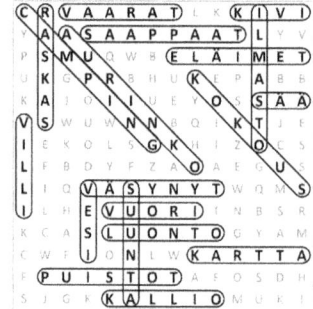

67 - Professions #1

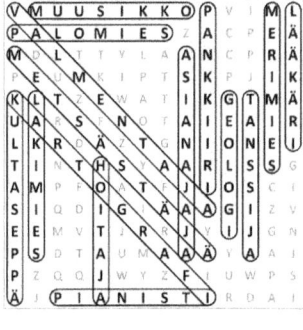

68 - Dinosaurs

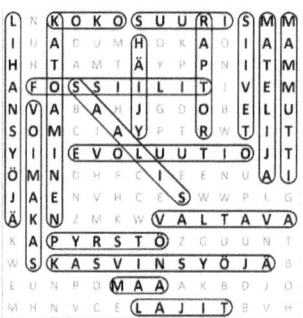

69 - Barbecues

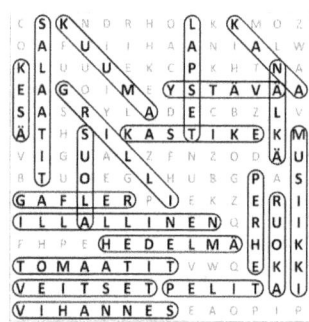

70 - Surfing

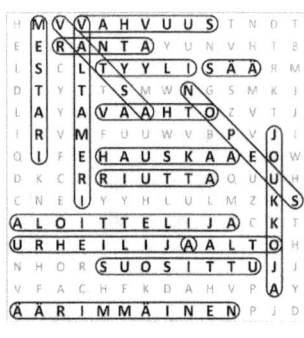

71 - Chocolate

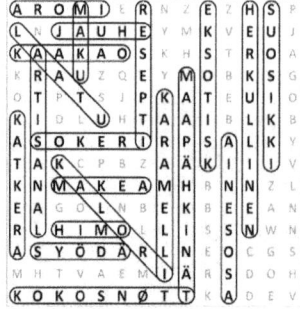

72 - Vegetables

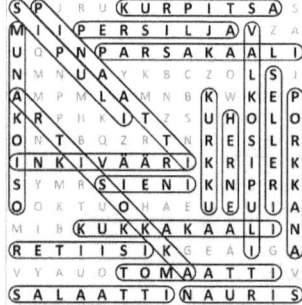

73 - Boats

74 - Activities and Leisure

75 - Driving

76 - Professions #2

77 - Emotions

78 - Mythology

79 - Hair Types

80 - Furniture

81 - Garden

82 - Birthday

83 - Beach

84 - Adjectives #1

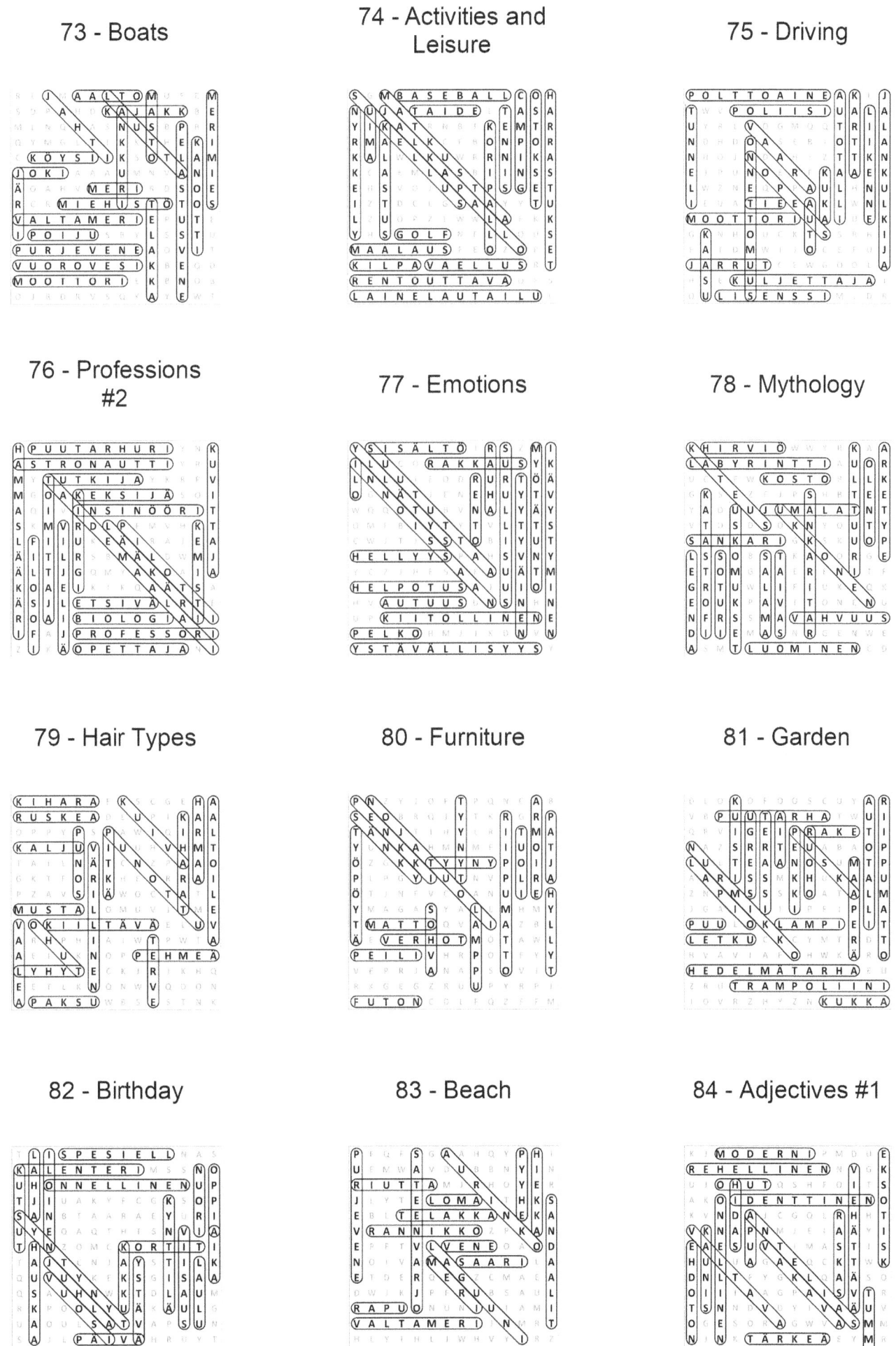

85 - Technology

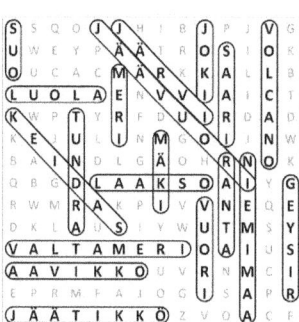

86 - Landscapes

87 - Visual Arts

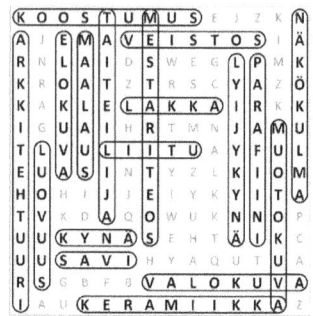

88 - Plants

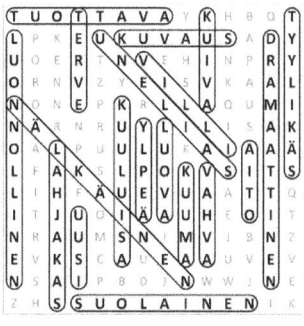

89 - Countries #2

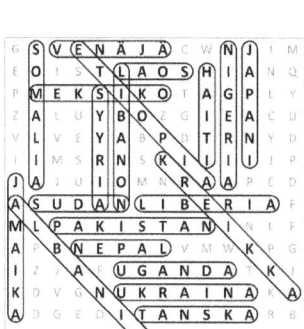
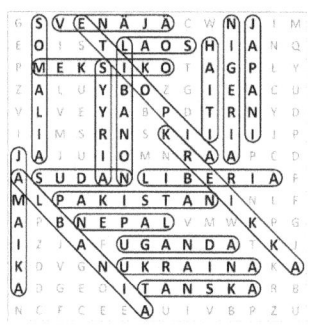

90 - Ecology

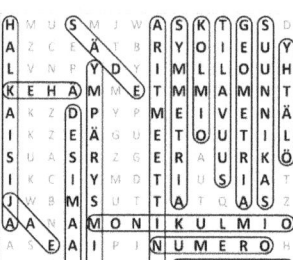

91 - Adjectives #2

92 - Math

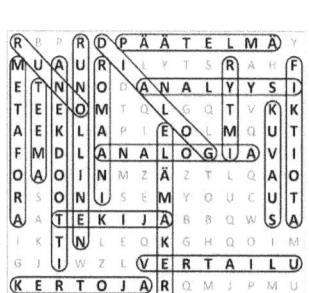

93 - Water

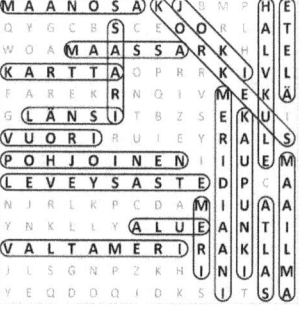

94 - Activities

95 - Literature

96 - Geography

97 - Pets

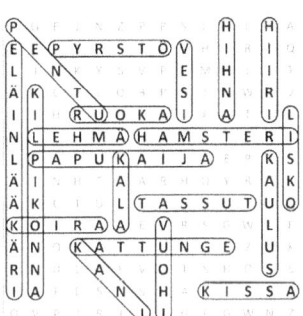

98 - Nature

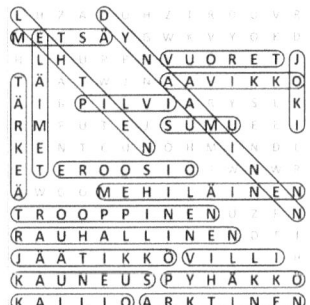

99 - Championship

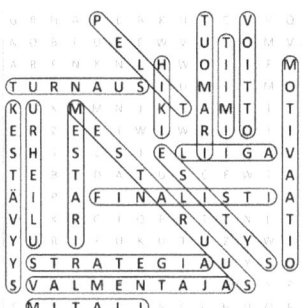

100 - Vacation #2

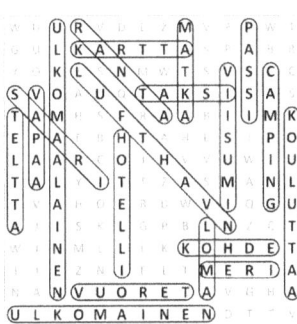

Dictionary

Activities
Toiminta

Activity	Toiminta
Art	Taide
Camping	Camping
Ceramics	Keramiikka
Crafts	Veneet
Fishing	Kalastus
Games	Pelit
Hiking	Vaellus
Hunting	Metsästys
Interests	Etu
Leisure	Vapaa
Magic	Taika
Painting	Maalaus
Photography	Valokuvaus
Pleasure	Ilo
Reading	Lukeminen
Relaxation	Rentoutuminen
Sewing	Ompelu
Skill	Taito

Activities and Leisure
Toiminta ja Vapaa-Aika

Art	Taide
Baseball	Baseball
Basketball	Koripallo
Boxing	Nyrkkeily
Camping	Camping
Diving	Sukellus
Fishing	Kalastus
Golf	Golf
Hiking	Vaellus
Hobbies	Harrastukset
Painting	Maalaus
Racing	Kilpa
Relaxing	Rentouttava
Shopping	Ostokset
Soccer	Jalkapallo
Surfing	Lainelautailu
Swimming	Uima
Tennis	Tennis
Travel	Matkustaa
Volleyball	Lentopallo

Adjectives #1
Adjektiivit #1

Absolute	Ehdoton
Aromatic	Aromaattinen
Artistic	Taiteellinen
Attractive	Viehättävä
Beautiful	Kaunis
Dark	Tumma
Exotic	Eksotisk
Generous	Antelias
Happy	Onnellinen
Heavy	Raskas
Helpful	Apua
Honest	Rehellinen
Huge	Valtava
Identical	Identtinen
Important	Tärkeä
Modern	Moderni
Serious	Vakava
Slow	Hidas
Thin	Ohut
Valuable	Arvokas

Adjectives #2
Adjektiivit #2

Authentic	Aito
Creative	Luova
Descriptive	Kuvaus
Dramatic	Dramaattinen
Dry	Kuiva
Elegant	Tyylikäs
Famous	Kuuluisa
Gifted	Lahjakas
Healthy	Terve
Hot	Kuuma
Hungry	Nälkäinen
Natural	Luonnollinen
New	Uusi
Productive	Tuottava
Proud	Ylpeä
Responsible	Vastuullinen
Salty	Suolainen
Sleepy	Unelias
Strong	Vahva
Wild	Villi

Adventure
Seikkailu

Activity	Toiminta
Beauty	Kauneus
Challenges	Haasteet
Chance	Mahdollisuus
Dangerous	Vaarallinen
Destination	Kohde
Difficulty	Vaikeus
Enthusiasm	Innostus
Excursion	Retki
Friends	Ystävä
Itinerary	Matka
Joy	Ilo
Nature	Luonto
Navigation	Navigointi
New	Uusi
Safety	Turvallisuus
Surprising	Yllättävä
Travels	Matkustaa
Unusual	Epätavallinen

Airplanes
Lentokone

Adventure	Seikkailu
Air	Ilma
Atmosphere	Ilmainen
Balloon	Ilmapallo
Construction	Rakentaminen
Crew	Miehistö
Descent	Laskeutuminen
Design	Utforming
Direction	Suunta
Engine	Moottori
Fuel	Polttoaine
Height	Korkeus
History	Historia
Hydrogen	Vety
Landing	Lasku
Passenger	Matkustaja
Pilot	Pilotti
Propellers	Potkuri
Sky	Taivas
Turbulence	Turbulenssi

Antarctica
Antarktis

Bay	Lahti
Birds	Lintu
Clouds	Pilvi
Conservation	Säilyttäminen
Continent	Maanosa
Environment	Ympäristö
Expedition	Retkikunta
Geography	Maantiede
Glaciers	Isbreer
Ice	Jään
Islands	Saaret
Migration	Muutto
Minerals	Mineraali
Peninsula	Niemimaa
Researcher	Tutkija
Rocky	Kivinen
Scientific	Tieteellinen
Temperature	Lämpötila
Topography	Topografia
Water	Vesi

Art
Taide

Ceramic	Keraaminen
Complex	Monimutkainen
Composition	Koostumus
Create	Luoda
Expression	Ilmaisu
Honest	Rehellinen
Inspired	Inspirert
Mood	Mieliala
Original	Alkuperäinen
Poetry	Runous
Portray	Kuvata
Sculpture	Veistos
Subject	Aihe
Surrealism	Surrealismi
Symbol	Symboli
Visual	Visuaalinen

Art Supplies
Taide-Tarvikkeet

Acrylic	Akryyli
Brushes	Harjat
Camera	Kamera
Chair	Tuoli
Clay	Savi
Colors	Väri
Creativity	Luovuus
Easel	Maalausteline
Eraser	Pyyhekumi
Glue	Liima
Ideas	Ideoita
Ink	Muste
Oil	Öljy
Paints	Maalit
Paper	Paperi
Pencils	Kynä
Table	Pöytä
Water	Vesi
Watercolors	Akvarellit

Astronomy
Tähtitiede

Asteroid	Asteroidi
Astronaut	Astronautti
Constellation	Tähdistö
Cosmos	Kosmos
Earth	Maa
Eclipse	Pimennys
Equinox	Jevndøgn
Galaxy	Galaksi
Meteor	Meteori
Moon	Kuu
Nebula	Sumu
Observatory	Observatorio
Planet	Planeetta
Radiation	Säteily
Rocket	Raketti
Satellite	Satelliitti
Sky	Taivas
Solar	Aurinko
Supernova	Supernova
Zodiac	Zodiakki

Ballet
Baletti

Artistic	Taiteellinen
Audience	Yleisö
Ballerina	Ballerina
Choreography	Koreografia
Composer	Säveltäjä
Dancers	Tanssijat
Expressive	Ilmeikäs
Gesture	Ele
Intensity	Intensiteetti
Muscles	Lihakset
Music	Musiikki
Orchestra	Orkesteri
Practice	Harjoitella
Rehearsal	Harjoitukset
Rhythm	Rytmi
Skill	Taito
Style	Tyyli
Technique	Tekniikka

Barbecues
Grilli

Chicken	Kana
Children	Lapset
Dinner	Illallinen
Family	Perhe
Food	Ruoka
Forks	Gafler
Friends	Ystävä
Fruit	Hedelmä
Games	Pelit
Grill	Grilli
Hot	Kuuma
Hunger	Nälkä
Knives	Veitset
Music	Musiikki
Salads	Salaatit
Salt	Suola
Sauce	Kastike
Summer	Kesä
Tomatoes	Tomaatit
Vegetables	Vihannes

Bathroom
Kylpyhuone

Bath	Kylpy
Bubbles	Kuplia
Faucet	Hana
Lotion	Voide
Mirror	Peili
Perfume	Hajuvesi
Rug	Matto
Scissors	Sakset
Shampoo	Shampoo
Shower	Suihku
Soap	Saippua
Sponge	Sieni
Steam	Höyry
Toilet	Wc
Towel	Pyyhe
Water	Vesi

Beach
Rannalle

Blue	Sininen
Boat	Vene
Coast	Rannikko
Crab	Rapu
Dock	Telakka
Island	Saari
Lagoon	Laguuni
Ocean	Valtameri
Reef	Riutta
Sailboat	Purjevene
Sand	Hiekka
Sandals	Sandaalit
Sea	Meri
Sun	Aurinko
Towel	Pyyhe
Umbrella	Sateenvarjo
Vacation	Loma

Bees
Mehiläiset

Beneficial	Hyödyllinen
Blossom	Kukka
Ecosystem	Ekosysteemi
Flowers	Kukat
Food	Ruoka
Fruit	Hedelmä
Garden	Puutarha
Hive	Pesä
Honey	Hunaja
Insect	Hyönteinen
Plants	Kasvit
Pollen	Siitepöly
Pollinator	Pollinator
Queen	Kuningatar
Smoke	Savu
Sun	Aurinko
Swarm	Parvi
Wax	Parafiini
Wings	Siivet

Birds
Linnut

Canary	Kanarifugl
Chicken	Kana
Crow	Varis
Cuckoo	Käki
Duck	Ankka
Eagle	Kotka
Egg	Muna
Flamingo	Flamingo
Goose	Hanhi
Gull	Lokki
Hawk	Haukka
Ostrich	Strutsi
Parrot	Papukaija
Peacock	Riikinkukko
Pelican	Pelikaani
Penguin	Pingviini
Sparrow	Varpunen
Stork	Haikara
Swan	Joutsen
Toucan	Toukaanin

Birthday
Syntymäpäivä

Born	Syntynyt
Cake	Kakku
Calendar	Kalenteri
Candles	Kynttilä
Cards	Kortit
Celebration	Juhla
Day	Päivä
Friends	Ystävä
Fun	Hauskaa
Gift	Lahja
Happy	Onnellinen
Invitations	Kutsut
Joyful	Iloinen
Song	Laulu
Special	Spesiell
Time	Aika
To Learn	Oppia
Wisdom	Viisaus
Year	Vuosi
Young	Nuori

Boats
Veneitä

Anchor	Ankkuri
Buoy	Poiju
Canoe	Kanootti
Crew	Miehistö
Dock	Telakka
Engine	Moottori
Ferry	Lautta
Kayak	Kajakk
Lake	Järvi
Lifeboat	Pelastusvene
Mast	Masto
Ocean	Valtameri
River	Joki
Rope	Köysi
Sailboat	Purjevene
Sailor	Merimies
Sea	Meri
Tide	Vuorovesi
Waves	Aalto
Yacht	Jahti

Books
Kirjat

Adventure	Seikkailu
Author	Tekijä
Character	Merkki
Collection	Kokoelma
Context	Konteksti
Duality	Kaksinaisuus
Epic	Eeppinen
Humorous	Humoristinen
Inventive	Kekseliäs
Narrator	Kertoja
Novel	Romaani
Page	Sivu
Poem	Runo
Poetry	Runous
Reader	Lukija
Relevant	Relevaantia
Series	Sarja
Story	Tarina
Tragic	Traaginen
Written	Skriftlig

Buildings
Rakennukset

Apartment	Huoneisto
Barn	Lato
Cabin	Mökki
Castle	Linna
Cinema	Elokuva
Embassy	Lähetystö
Factory	Tehdas
Hospital	Sairaala
Hostel	Hostelli
Hotel	Hotelli
Laboratory	Laboratorio
Museum	Museo
Observatory	Observatorio
School	Koulu
Stadium	Stadion
Supermarket	Supermarket
Tent	Teltta
Theater	Teatteri
Tower	Torni
University	Yliopisto

Camping
Telttailu

Adventure	Seikkailu
Animals	Eläimet
Cabin	Mökki
Canoe	Kanootti
Compass	Kompassi
Fire	Antaa Potkut
Forest	Metsä
Fun	Hauskaa
Hammock	Riippumatto
Hat	Hattu
Hunting	Metsästys
Insect	Hyönteinen
Lake	Järvi
Map	Kartta
Moon	Kuu
Mountain	Vuori
Nature	Luonto
Rope	Köysi
Tent	Teltta
Trees	Puu

Castles
Linnat

Armor	Panssari
Catapult	Katapultti
Crown	Kruunu
Dragon	Lohikäärme
Dynasty	Dynastia
Empire	Empire
Feudal	Føydal
Fortress	Linnoitus
Horse	Hevonen
Kingdom	Kongerike
Knight	Ritari
Noble	Jalo
Palace	Palatsi
Prince	Prinssi
Princess	Prinsessa
Shield	Kilpi
Sword	Miekka
Tower	Torni
Unicorn	Yksisarvinen
Wall	Seinä

Cats
Kissat

Claw	Kynsiä
Crazy	Hullu
Curious	Utelias
Fast	Nopeasti
Funny	Hauska
Fur	Turkki
Hunter	Metsästäjä
Independent	Riippumaton
Little	Vähän
Mouse	Hiiri
Paw	Tassu
Playful	Leikkisä
Shy	Ujo
Sleep	Nukkua
Tail	Pyrstö
Wild	Villi
Yarn	Lanka

Championship
Mestaruus

Champion	Mestari
Championship	Mestaruus
Coach	Valmentaja
Endurance	Kestävyys
Finalist	Finalisti
Games	Pelit
Judge	Tuomari
League	Liiga
Medal	Mitali
Motivation	Motivaatio
Performance	Esitys
Perspiration	Hiki
Sports	Urheilu
Strategy	Strategia
Team	Tiimi
Tournament	Turnaus
Victory	Voitto

Chess
Shakki

Black	Musta
Challenges	Haasteet
Champion	Mestari
Contest	Kilpailu
Diagonal	Diagonaalinen
Game	Peli
King	Kuningas
Opponent	Vastustaja
Passive	Passiivinen
Player	Pelaaja
Queen	Kuningatar
Rules	Säännöt
Sacrifice	Uhrata
Strategy	Strategia
Time	Aika
To Learn	Oppia
Tournament	Turnaus
White	Valkoinen

Chocolate
Suklaa

Aroma	Aromi
Artisanal	Artisanal
Bitter	Katkera
Cacao	Kaakao
Calories	Kalori
Caramel	Karamelli
Coconut	Kokosnøtt
Craving	Himo
Delicious	Herkullinen
Exotic	Eksotisk
Favorite	Suosikki
Ingredient	Ainesosa
Peanuts	Maapähkinät
Powder	Jauhe
Quality	Laatu
Recipe	Resepti
Sugar	Sokeri
Sweet	Makea
Taste	Maku
To Eat	Syödä

Circus
Sirkus

Acrobat	Akrobat
Animals	Eläimet
Balloons	Ballonger
Costume	Puku
Elephant	Norsu
Entertain	Viihdyttää
Juggler	Jonglööri
Lion	Leijona
Magic	Taika
Magician	Taikuri
Monkey	Apina
Music	Musiikki
Parade	Paraati
Spectator	Katsoja
Tent	Teltta
Ticket	Lippu
Tiger	Tiikeri
Trick	Temppu

Climbing
Kiipeily

Altitude	Korkeus
Atmosphere	Ilmainen
Boots	Saappaat
Cave	Luola
Challenges	Haasteet
Curiosity	Uteliaisuus
Expert	Asiantuntija
Gloves	Käsineet
Helmet	Kypärä
Hiking	Vaellus
Injury	Vamma
Map	Kartta
Narrow	Kapea
Physical	Fyysinen
Stability	Vakaus
Strength	Vahvuus
Terrain	Maa
Training	Koulutus

Clothes
Vaatteensa

Apron	Esiliina
Belt	Vyö
Blouse	Pusero
Bracelet	Armbånd
Coat	Takki
Dress	Mekko
Fashion	Muoti
Gloves	Käsineet
Hat	Hattu
Jeans	Farkut
Jewelry	Korut
Necklace	Kaulakoru
Pajamas	Pyjama
Pants	Housut
Sandals	Sandaalit
Scarf	Huivi
Shirt	Paita
Shoe	Kenkä
Skirt	Hame
Sweater	Villapaita

Colors
Värit

Beige	Beige
Black	Musta
Blue	Sininen
Brown	Ruskea
Crimson	Crimson
Cyan	Syaani
Fuchsia	Fuksia
Green	Vihreä
Grey	Harmaa
Indigo	Indigo
Magenta	Magenta
Orange	Oranssi
Purple	Violetti
Red	Punainen
Sepia	Seepia
White	Valkoinen
Yellow	Keltainen

Conservation
Säilyttäminen

Chemicals	Kemikaalit
Climate	Ilmasto
Concern	Huolenaihe
Cycle	Sykli
Ecosystem	Ekosysteemi
Education	Koulutus
Environmental	Ympäristö
Green	Vihreä
Health	Terveys
Natural	Luonnollinen
Organic	Orgaaninen
Pesticide	Torjunta-Aine
Pollution	Forurensning
Recycle	Kierrättää
Reduce	Vähentää
Sustainable	Kestävä
Volunteer	Vapaaehtoinen
Water	Vesi

Countries #2
Maat #2

Albania	Albania
Denmark	Tanska
Ethiopia	Etiopia
Greece	Kreikka
Haiti	Haiti
Jamaica	Jamaika
Japan	Japani
Laos	Laos
Lebanon	Libanon
Liberia	Liberia
Mexico	Meksiko
Nepal	Nepal
Nigeria	Nigeria
Pakistan	Pakistan
Russia	Venäjä
Somalia	Somalia
Sudan	Sudan
Syria	Syyria
Uganda	Uganda
Ukraine	Ukraina

Dance
Tanssi

Academy	Akatemia
Art	Taide
Body	Keho
Choreography	Koreografia
Classical	Klassinen
Culture	Kulttuuri
Emotion	Tunne
Expressive	Ilmeikäs
Grace	Armo
Joyful	Iloinen
Movement	Liike
Music	Musiikki
Partner	Kumppani
Posture	Ryhti
Rehearsal	Harjoitukset
Rhythm	Rytmi
Traditional	Perinteinen
Visual	Visuaalinen

Days and Months
Päivät ja Kuukaudet

April	Huhtikuu
August	Elokuu
Calendar	Kalenteri
February	Helmikuu
Friday	Perjantai
January	Tammikuu
July	Heinäkuu
March	Maaliskuu
Monday	Maanantai
Month	Kuukausi
November	Marraskuu
October	Lokakuu
Saturday	Lauantai
September	Syyskuu
Sunday	Sunnuntai
Thursday	Torstai
Tuesday	Tiistai
Wednesday	Keskiviikko
Week	Viikko
Year	Vuosi

Dinosaurs
Dinosaurus

Carnivore	Lihansyöjä
Disappearance	Katoaminen
Earth	Maa
Enormous	Valtava
Evolution	Evoluutio
Fossils	Fossiilit
Herbivore	Kasvinsyöjä
Large	Suuri
Mammoth	Mammutti
Powerful	Voimakas
Prey	Saalis
Raptor	Raptor
Reptile	Matelija
Size	Koko
Species	Lajit
Tail	Pyrstö
Vicious	Häijy
Wings	Siivet

Dogs
Koirat

Big	Iso
Bone	Luu
Companion	Kumppani
Friendly	Ystävällinen
Fun	Hauskaa
Furry	Pörröinen
Gentle	Lempeä
Instincts	Vaisto
Leash	Hihna
Loyal	Uskollinen
Obedient	Tottelevainen
Pet	Lemmikki
Puppy	Pentu
Small	Pieni
Stubborn	Itsepäinen
Training	Koulutus

Driving
Ajo

Accident	Onnettomuus
Brakes	Jarrut
Car	Auto
Danger	Vaara
Driver	Kuljettaja
Fuel	Polttoaine
Garage	Autotalli
Gas	Kaasu
License	Lisenssi
Map	Kartta
Motor	Moottori
Motorcycle	Moottoripyörä
Pedestrian	Jalankulkija
Police	Poliisi
Road	Tie
Safety	Turvallisuus
Speed	Nopeus
Traffic	Liikenne
Truck	Kuka
Tunnel	Tunneli

Ecology
Ekologia

Climate	Ilmasto
Communities	Yhteisö
Drought	Kuivuus
Fauna	Eläimistö
Flora	Kasvisto
Marine	Meri
Marsh	Suo
Mountains	Vuoret
Natural	Luonnollinen
Nature	Luonto
Plants	Kasvit
Resources	Resurssi
Species	Lajit
Survival	Selviytyminen
Sustainable	Kestävä
Vegetation	Kasvillisuus
Volunteers	Frivillige

Emotions
Tunteita

Anger	Suututtaa
Bliss	Autuus
Boredom	Ikävystyminen
Calm	Rauhallinen
Content	Sisältö
Excited	Innoissaan
Fear	Pelko
Grateful	Kiitollinen
Joy	Ilo
Kindness	Ystävällisyys
Love	Rakkaus
Peace	Rauha
Relaxed	Rento
Relief	Helpotus
Sadness	Surullisuus
Satisfied	Tyytyväinen
Surprise	Yllätys
Sympathy	Myötätunto
Tenderness	Hellyys
Tranquility	Rauhallisuus

Exploration
Tutkimus

Activity	Toiminta
Animals	Eläimet
Courage	Rohkeutta
Determination	Päättäväisyys
Discovery	Löytö
Distant	Kaukainen
Excitement	Jännitys
Exhaustion	Uupumus
Hazards	Vaarat
Language	Kieli
New	Uusi
Perilous	Vaarallinen
Space	Tila
Terrain	Maa
To Learn	Oppia
Travel	Matkustaa
Unknown	Tuntematon
Wild	Villi

Family
Perhe

Ancestor	Stamfar
Aunt	Täti
Brother	Veli
Child	Lapsi
Childhood	Lapsuus
Children	Lapset
Cousin	Serkku
Daughter	Tytär
Grandchild	Lapsenlapsi
Grandfather	Isoisä
Grandson	Pojanpoika
Husband	Mies
Maternal	Äidin
Mother	Äiti
Nephew	Veljenpoika
Niece	Veljentytär
Paternal	Isän
Sister	Sisko
Uncle	Setä
Wife	Vaimo

Farm #1
Maatila nro 1

Agriculture	Maatalous
Bee	Mehiläinen
Bison	Biison
Calf	Vasikka
Cat	Kissa
Chicken	Kana
Cow	Lehmä
Crow	Varis
Dog	Koira
Donkey	Aasi
Fence	Aita
Fertilizer	Lannoite
Field	Kenttä
Goat	Vuohi
Hay	Heinä
Honey	Hunaja
Horse	Hevonen
Rice	Riisi
Seeds	Siemenet
Water	Vesi

Farm #2
Maatila # 2

Animals	Eläimet
Barley	Ohra
Barn	Lato
Corn	Maissi
Duck	Ankka
Farmer	Viljelijä
Food	Ruoka
Fruit	Hedelmä
Irrigation	Kastelu
Lamb	Karitsa
Llama	Laama
Meadow	Niitty
Milk	Maito
Orchard	Hedelmätarha
Sheep	Lammas
Shepherd	Paimen
Tractor	Traktori
Vegetable	Vihannes
Wheat	Vehnä
Windmill	Tuulimylly

Fishing
Kalastus

Bait	Syötti
Basket	Kori
Beach	Ranta
Boat	Vene
Cook	Kokki
Equipment	Laitteet
Exaggeration	Overdrivelse
Fins	Evät
Gills	Gjellene
Hook	Koukku
Jaw	Leuka
Lake	Järvi
Ocean	Valtameri
Patience	Tålmodighet
River	Joki
Season	Kausi
Water	Vesi
Weight	Paino

Flowers
Kukkia

Bouquet	Kimppu
Clover	Apila
Daisy	Päivänkakkara
Dandelion	Voikukka
Gardenia	Gardenia
Hibiscus	Hibiscus
Jasmine	Jasmiini
Lavender	Laventeli
Lilac	Liila
Lily	Lilja
Magnolia	Magnolia
Orchid	Orkidea
Peony	Pioni
Petal	Terälehti
Plumeria	Plumeria
Poppy	Unikko
Rose	Ruusu
Sunflower	Auringonkukka
Tulip	Tulppaani

Food #1
Ruoka #1

Apricot	Aprikoosi
Barley	Ohra
Basil	Basilika
Carrot	Porkkana
Cinnamon	Kaneli
Garlic	Valkosipuli
Juice	Mehu
Lemon	Sitruuna
Milk	Maito
Onion	Sipuli
Peanut	Maapähkinä
Pear	Päärynä
Salad	Salaatti
Salt	Suola
Soup	Suppe
Spinach	Pinaatti
Strawberry	Mansikka
Sugar	Sokeri
Tuna	Tunfisk
Turnip	Nauris

Food #2
Ruoka #2

Apple	Omena
Artichoke	Artisokka
Banana	Banaani
Broccoli	Parsakaali
Celery	Selleri
Cheese	Juusto
Cherry	Kirsikka
Chicken	Kana
Chocolate	Suklaa
Egg	Muna
Eggplant	Munakoiso
Fish	Kala
Grape	Rypäle
Ham	Kinkku
Kiwi	Kiivi
Mushroom	Sieni
Rice	Riisi
Tomato	Tomaatti
Wheat	Vehnä
Yogurt	Jogurtti

Fruit
Hedelmä

Apple	Omena
Apricot	Aprikoosi
Avocado	Avokado
Banana	Banaani
Berry	Marja
Cherry	Kirsikka
Coconut	Kokosnøtt
Fig	Viikuna
Grape	Rypäle
Guava	Guava
Kiwi	Kiivi
Lemon	Sitruuna
Mango	Mango
Melon	Meloni
Nectarine	Nektariini
Orange	Oranssi
Peach	Persikka
Pear	Päärynä
Pineapple	Ananas
Raspberry	Vadelma

Furniture
Huonekalut

Armchair	Nojatuoli
Armoire	Armoire
Bed	Sänky
Bench	Penkki
Bookcase	Kirjahylly
Chair	Tuoli
Couch	Sohva
Curtains	Verhot
Cushions	Tyynyt
Desk	Työpöytä
Futon	Futon
Hammock	Riippumatto
Lamp	Lamppu
Mattress	Patja
Mirror	Peili
Pillow	Tyyny
Rug	Matto
Shelves	Hyllyt

Garden
Puutarha

Bench	Penkki
Bush	Puska
Fence	Aita
Flower	Kukka
Garage	Autotalli
Garden	Puutarha
Grass	Ruoho
Hammock	Riippumatto
Hose	Letku
Lawn	Nurmikko
Orchard	Hedelmätarha
Pond	Lampi
Porch	Kuisti
Rake	Rake
Shovel	Lapio
Soil	Maaperä
Terrace	Terassi
Trampoline	Trampoliini
Tree	Puu
Weeds	Ugress

Geography
Maantiede

Altitude	Korkeus
Atlas	Atlas
City	Kaupunki
Continent	Maanosa
Country	Maassa
Equator	Päiväntasaaja
Hemisphere	Halvkule
Island	Saari
Latitude	Leveysaste
Map	Kartta
Meridian	Meridiaani
Mountain	Vuori
North	Pohjoinen
Ocean	Valtameri
Region	Alue
River	Joki
Sea	Meri
South	Etelä
West	Länsi
World	Maailma

Geology
Geologia

Acid	Happo
Calcium	Kalsium
Cavern	Luola
Continent	Maanosa
Coral	Koralli
Crystals	Crystal
Cycles	Pyörät
Earthquake	Maanjäristys
Erosion	Eroosio
Fossil	Fossiili
Geyser	Geysir
Lava	Lava
Layer	Kerros
Minerals	Mineraali
Plateau	Tasanko
Quartz	Kvartsi
Salt	Suola
Stalactite	Stalactite
Stone	Kivi
Volcano	Volcano

Hair Types
Hiusten Tyypit

Bald	Kalju
Black	Musta
Blond	Vaalea
Braided	Punottu
Braids	Punos
Brown	Ruskea
Colored	Värillinen
Curls	Kiharat
Curly	Kihara
Dry	Kuiva
Gray	Harmaa
Healthy	Terve
Long	Pitkä
Shiny	Kiiltävä
Short	Lyhyt
Soft	Pehmeä
Thick	Paksu
Thin	Ohut
Wavy	Aaltoileva
White	Valkoinen

Herbalism
Herbalismi

Aromatic	Aromaattinen
Basil	Basilika
Beneficial	Hyödyllinen
Culinary	Kulinaarinen
Fennel	Fenkoli
Flavor	Maku
Flower	Kukka
Garden	Puutarha
Garlic	Valkosipuli
Green	Vihreä
Ingredient	Ainesosa
Lavender	Laventeli
Marjoram	Meirami
Mint	Minttu
Oregano	Oregano
Parsley	Persilja
Plant	Kasvi
Rosemary	Rosmariini
Saffron	Maustesahrami
Tarragon	Rakuuna

Hiking
Patikointi

Animals	Eläimet
Boots	Saappaat
Camping	Camping
Cliff	Kallio
Climate	Ilmasto
Hazards	Vaarat
Heavy	Raskas
Map	Kartta
Mountain	Vuori
Nature	Luonto
Orientation	Suunta
Parks	Puistot
Stones	Kivi
Summit	Kokous
Sun	Aurinko
Tired	Väsynyt
Water	Vesi
Weather	Sää
Wild	Villi

House
Talo

Attic	Ullakko
Broom	Luuta
Curtains	Verhot
Door	Ovi
Fence	Aita
Fireplace	Takka
Floor	Lattia
Furniture	Huonekalu
Garage	Autotalli
Garden	Puutarha
Keys	Nøkler
Kitchen	Keittiö
Lamp	Lamppu
Library	Kirjasto
Mirror	Peili
Roof	Katto
Room	Huone
Shower	Suihku
Wall	Seinä
Window	Ikkuna

Human Body
Ihmiskehon

Ankle	Nilkka
Blood	Veri
Bones	Luut
Brain	Aivot
Chin	Leuka
Ear	Korva
Elbow	Kyynärpää
Face	Kasvot
Finger	Sormi
Hand	Käsi
Head	Pää
Heart	Sydän
Knee	Polvi
Leg	Jalka
Lips	Huulet
Mouth	Suu
Neck	Kaula
Nose	Nenä
Shoulder	Olkapää
Skin	Iho

Insects
Hyönteiset

Ant	Muurahainen
Aphid	Kirva
Bee	Mehiläinen
Butterfly	Perhonen
Cicada	Cicada
Cockroach	Torakka
Dragonfly	Sudenkorento
Flea	Kirppu
Grasshopper	Heinäsirkka
Hornet	Hornet
Ladybug	Leppäkerttu
Larva	Toukka
Locust	Gresshoppe
Mantis	Sirkka
Mosquito	Hyttynen
Moth	Koi
Termite	Termiitti
Wasp	Ampiainen
Worm	Mato

Kitchen
Keittiö

Apron	Esiliina
Bowl	Kulho
Chopsticks	Syömäpuikot
Cups	Kupit
Food	Ruoka
Forks	Gafler
Freezer	Pakastin
Grill	Grilli
Jar	Purkki
Jug	Kannu
Kettle	Kattila
Knives	Veitset
Napkin	Lautasliina
Oven	Uuni
Recipe	Resepti
Refrigerator	Jääkaappi
Spices	Mausteet
Sponge	Sieni
Spoons	Lusikat
To Eat	Syödä

Landscapes
Maisemat

Beach	Ranta
Cave	Luola
Desert	Aavikko
Geyser	Geysir
Glacier	Jäätikkö
Hill	Mäki
Iceberg	Jäävuori
Island	Saari
Lake	Järvi
Mountain	Vuori
Oasis	Keidas
Ocean	Valtameri
Peninsula	Niemimaa
River	Joki
Sea	Meri
Swamp	Suo
Tundra	Tundra
Valley	Laakso
Volcano	Volcano
Waterfall	Vesiputous

Literature
Kirjallisuus

Analogy	Analogia
Analysis	Analyysi
Anecdote	Anekdootti
Author	Tekijä
Biography	Elämäkerta
Comparison	Vertailu
Conclusion	Päätelmä
Description	Kuvaus
Dialogue	Dialog
Fiction	Fiktiota
Metaphor	Metafora
Narrator	Kertoja
Novel	Romaani
Poem	Runo
Poetic	Runollinen
Rhyme	Loppusointu
Rhythm	Rytmi
Style	Tyyli
Theme	Teema
Tragedy	Tragedia

Mammals
Merinisäkkäiden

Bear	Karhu
Bull	Härkä
Camel	Kameli
Cat	Kissa
Coyote	Kojootti
Dog	Koira
Dolphin	Delfiini
Elephant	Norsu
Fox	Kettu
Giraffe	Kirahvi
Gorilla	Gorilla
Horse	Hevonen
Kangaroo	Kenguru
Lion	Leijona
Monkey	Apina
Rabbit	Kani
Sheep	Lammas
Whale	Valas
Wolf	Susi
Zebra	Seepra

Math
Matematiikka

Angles	Kulmat
Arithmetic	Aritmeettinen
Circumference	Ympärysmitta
Decimal	Desimaali
Diameter	Halkaisija
Equation	Yhtälö
Exponent	Eksponentti
Fraction	Jae
Geometry	Geometria
Numbers	Numero
Parallel	Rinnakkainen
Parallelogram	Suunnikas
Perimeter	Kehä
Polygon	Monikulmio
Radius	Säde
Rectangle	Suorakulmio
Square	Neliö
Symmetry	Symmetria
Triangle	Kolmio
Volume	Tilavuus

Measurements
Mittaus

Byte	Tavu
Centimeter	Senttimetri
Decimal	Desimaali
Degree	Aste
Depth	Syvyys
Gram	Gramma
Height	Korkeus
Inch	Tuuma
Kilogram	Kilogramma
Kilometer	Kilometri
Length	Pituus
Liter	Litra
Mass	Massa
Meter	Mittari
Minute	Minuutti
Ounce	Unssi
Ton	Tonni
Volume	Tilavuus
Weight	Paino
Width	Leveys

Meditation
Meditaatio

Acceptance	Hyväksyminen
Attention	Huomio
Awake	Hereillä
Breathing	Hengitys
Calm	Rauhallinen
Clarity	Selkeys
Compassion	Myötätunto
Emotions	Tunne
Gratitude	Kiitollisuus
Kindness	Ystävällisyys
Mental	Henkistä
Mind	Mieli
Movement	Liike
Music	Musiikki
Nature	Luonto
Peace	Rauha
Perspective	Näkökulma
Silence	Hiljaisuus
Thoughts	Ajatuksia
To Learn	Oppia

Musical Instruments
Soittimet

Banjo	Banjo
Bassoon	Fagotti
Cello	Sello
Clarinet	Klarinetti
Drum	Rumpu
Flute	Huilu
Gong	Gong
Guitar	Kitara
Harmonica	Huuliharppu
Harp	Harppu
Mandolin	Mandoliini
Marimba	Marimba
Oboe	Oboe
Piano	Piano
Saxophone	Saksofoni
Tambourine	Tamburiini
Trombone	Pasuuna
Trumpet	Trumpetti
Violin	Viulu

Mythology
Mytologia

Archetype	Arketype
Beliefs	Uskomukset
Creation	Luominen
Creature	Olento
Culture	Kulttuuri
Deities	Jumalat
Disaster	Katastrofi
Heaven	Taivas
Hero	Sankari
Heroine	Sankaritar
Jealousy	Kateus
Labyrinth	Labyrintti
Legend	Legenda
Lightning	Salama
Monster	Hirviö
Mortal	Kuolevainen
Revenge	Kosto
Strength	Vahvuus
Thunder	Ukkonen
Warrior	Soturi

Nature
Luonto

Animals	Eläimet
Arctic	Arktinen
Beauty	Kauneus
Bees	Mehiläinen
Cliffs	Kallio
Clouds	Pilvi
Desert	Aavikko
Dynamic	Dynaaminen
Erosion	Eroosio
Fog	Sumu
Foliage	Lehtien
Forest	Metsä
Glacier	Jäätikkö
Mountains	Vuoret
Peaceful	Rauhallinen
River	Joki
Sanctuary	Pyhäkkö
Tropical	Trooppinen
Vital	Tärkeä
Wild	Villi

Numbers
Numerot

Decimal	Desimaali
Eight	Kahdeksan
Fifteen	Viisitoista
Five	Viisi
Four	Neljä
Fourteen	Neljätoista
Math	Matematiikka
Nine	Yhdeksän
One	Yksi
Seven	Seitsemän
Six	Kuusi
Sixteen	Kuusitoista
Ten	Kymmenen
Thirteen	Kolmetoista
Three	Kolme
Twelve	Kaksitoista
Twenty	Kaksikymmentä
Two	Kaksi
Zero	Nolla

Nutrition
Ravitsemus

Appetite	Ruokahalu
Balanced	Tasapainoinen
Bitter	Katkera
Calories	Kalori
Carbohydrates	Karbohydrater
Diet	Ruokavalio
Digestion	Ruoansulatus
Edible	Syötävä
Fermentation	Käyminen
Flavor	Maku
Health	Terveys
Healthy	Terve
Liquids	Nesteet
Nutrient	Næringsstoff
Proteins	Proteiini
Quality	Laatu
Sauce	Kastike
Toxin	Myrkky
Vitamin	Vitamiini
Weight	Paino

Ocean
Valtameri

Algae	Levät
Coral	Koralli
Crab	Rapu
Dolphin	Delfiini
Eel	Ankerias
Fish	Kala
Jellyfish	Manet
Octopus	Mustekala
Oyster	Osteri
Reef	Riutta
Salt	Suola
Seaweed	Merilevä
Shark	Hai
Shrimp	Katkaravut
Sponge	Sieni
Storm	Myrsky
Tides	Tidevann
Tuna	Tunfisk
Turtle	Kilpikonna
Whale	Valas

Pets
Lemmikki

Cat	Kissa
Collar	Kaulus
Cow	Lehmä
Dog	Koira
Fish	Kala
Food	Ruoka
Goat	Vuohi
Hamster	Hamsteri
Kitten	Kattunge
Leash	Hihna
Lizard	Lisko
Mouse	Hiiri
Parrot	Papukaija
Paws	Tassut
Puppy	Pentu
Rabbit	Kani
Tail	Pyrstö
Turtle	Kilpikonna
Veterinarian	Eläinlääkäri
Water	Vesi

Pirates
Merirosvot

Adventure	Seikkailu
Anchor	Ankkuri
Bad	Huono
Beach	Ranta
Captain	Kapteeni
Cave	Luola
Coins	Kolikot
Compass	Kompassi
Crew	Miehistö
Danger	Vaara
Flag	Lippu
Gold	Kulta
Island	Saari
Legend	Legenda
Map	Kartta
Parrot	Papukaija
Rum	Rommi
Scar	Arpi
Sword	Miekka
Treasure	Aarre

Plants
Kasveja

Bamboo	Bambu
Bean	Papu
Berry	Marja
Botany	Kasvitiede
Bush	Puska
Cactus	Kaktus
Fertilizer	Lannoite
Flora	Kasvisto
Flower	Kukka
Foliage	Lehtien
Forest	Metsä
Garden	Puutarha
Grass	Ruoho
Ivy	Muratti
Moss	Sammal
Petal	Terälehti
Root	Juuri
Stem	Varsi
Tree	Puu
Vegetation	Kasvillisuus

Professions #1
Ammatit nro 1

Attorney	Asianajaja
Banker	Pankkiiri
Cartographer	Kartografi
Coach	Valmentaja
Dancer	Tanssija
Doctor	Lääkäri
Editor	Redaktør
Firefighter	Palomies
Geologist	Geologi
Hunter	Metsästäjä
Jeweler	Kultaseppä
Lawyer	Lakimies
Musician	Muusikko
Nurse	Hoitaja
Pianist	Pianisti
Plumber	Putkimies
Psychologist	Psykologi
Sailor	Merimies
Tailor	Räätälöidä
Veterinarian	Eläinlääkäri

Professions #2
Ammatit #2

Astronaut	Astronautti
Biologist	Biologi
Chemist	Kemisti
Dentist	Hammaslääkäri
Detective	Etsivä
Engineer	Insinööri
Farmer	Viljelijä
Gardener	Puutarhuri
Illustrator	Kuvittaja
Inventor	Keksijä
Journalist	Toimittaja
Painter	Taidemaalari
Philosopher	Filosofi
Photographer	Valokuvaaja
Physician	Lääkäri
Pilot	Pilotti
Professor	Professori
Researcher	Tutkija
Surgeon	Kirurgi
Teacher	Opettaja

Restaurant #1
Ravintola nro 1

Allergy	Allergia
Bowl	Kulho
Bread	Leipä
Chicken	Kana
Coffee	Kahvi
Dessert	Jälkiruoka
Food	Ruoka
Ingredients	Aine
Kitchen	Keittiö
Knife	Veitsi
Meat	Liha
Menu	Valikko
Napkin	Lautasliina
Plate	Levy
Reservation	Varaus
Sauce	Kastike
Spicy	Mausteinen
To Eat	Syödä
Waitress	Tarjoilija

Restaurant #2
Ravintola nro 2

Beverage	Juoma
Cake	Kakku
Chair	Tuoli
Delicious	Herkullinen
Dinner	Illallinen
Eggs	Munat
Fish	Kala
Fork	Haarukka
Fruit	Hedelmä
Ice	Jään
Lunch	Lounas
Noodles	Nuudelit
Salad	Salaatti
Salt	Suola
Soup	Suppe
Spices	Mausteet
Spoon	Lusikka
Vegetables	Vihannes
Waiter	Tarjoilija
Water	Vesi

School #1
Koulu nro 1

Alphabet	Aakkoset
Answers	Vastauksia
Books	Kirjat
Chair	Tuoli
Classroom	Luokkahuone
Desk	Työpöytä
Exams	Kokeet
Folders	Kansio
Friends	Ystävä
Fun	Hauskaa
Library	Kirjasto
Lunch	Lounas
Math	Matematiikka
Numbers	Numero
Paper	Paperi
Pencil	Lyijykynä
Pens	Kynät
Quiz	Tietokilpailu
Teacher	Opettaja
To Learn	Oppia

School #2
Koulu nro 2

Academic	Akateeminen
Activities	Toiminta
Backpack	Reppu
Books	Kirjat
Bus	Bussi
Calendar	Kalenteri
Computer	Tietokone
Dictionary	Sanakirja
Education	Koulutus
Eraser	Pyyhekumi
Friends	Ystävä
Grammar	Kielioppi
Library	Kirjasto
Literature	Kirjallisuus
Paper	Paperi
Pencil	Lyijykynä
Science	Tiede
Scissors	Sakset
Supplies	Tarvikkeet
Teacher	Opettaja

Science
Tiede

Atom	Atomi
Chemical	Kemiallinen
Climate	Ilmasto
Data	Tiedot
Evolution	Evoluutio
Experiment	Koe
Fact	Tosiasia
Fossil	Fossiili
Gravity	Painovoima
Hypothesis	Hypoteesi
Laboratory	Laboratorio
Method	Menetelmä
Minerals	Mineraali
Molecules	Molekyyli
Nature	Luonto
Organism	Organismi
Particles	Hiukset
Physics	Fysiikka
Plants	Kasvit
Scientist	Tiedemies

Science Fiction
Tieteiskirjallisuus

Books	Kirjat
Chemicals	Kemikaalit
Cinema	Elokuva
Distant	Kaukainen
Dystopia	Dystopia
Explosion	Räjähdys
Extreme	Äärimmäinen
Fantastic	Fantastinen
Fire	Antaa Potkut
Futuristic	Futuristinen
Galaxy	Galaksi
Illusion	Illuusio
Mysterious	Salaperäinen
Novels	Romaaneja
Oracle	Oraakkeli
Planet	Planeetta
Robots	Robotti
Technology	Teknologia
Utopia	Utopia
World	Maailma

Scientific Disciplines
Tieteelliset Alat

Anatomy	Anatomia
Archaeology	Arkeologia
Astronomy	Tähtitiede
Biochemistry	Biokemia
Biology	Biologia
Botany	Kasvitiede
Chemistry	Kemia
Ecology	Ekologia
Geology	Geologia
Immunology	Immunologia
Kinesiology	Kinesiologia
Linguistics	Kielitiede
Mechanics	Mekaniikka
Meteorology	Meteorologia
Mineralogy	Mineralogia
Neurology	Neurologia
Physiology	Fysiologia
Psychology	Psykologia
Sociology	Sosiologia
Zoology	Eläintiede

Shapes
Muodot

Arc	Kaari
Circle	Ympyrä
Cone	Kartio
Corner	Kulma
Cube	Kuutio
Curve	Käyrä
Cylinder	Sylinteri
Edges	Reunat
Ellipse	Ellipsi
Hyperbola	Hyperbeli
Line	Linja
Oval	Soikea
Polygon	Monikulmio
Prism	Prisma
Pyramid	Pyramidi
Rectangle	Suorakulmio
Side	Side
Square	Neliö
Triangle	Kolmio

Spices
Mausteita

Anise	Anis
Bitter	Katkera
Cardamom	Kardemumma
Cinnamon	Kaneli
Clove	Kynsi
Coriander	Korianteri
Cumin	Kumina
Curry	Curry
Fennel	Fenkoli
Flavor	Maku
Garlic	Valkosipuli
Ginger	Inkivääri
Licorice	Lakritsi
Onion	Sipuli
Paprika	Paprika
Pepper	Pippuri
Saffron	Maustesahrami
Salt	Suola
Sweet	Makea
Vanilla	Vanilja

Sports
Urheilu

Athlete	Urheilija
Baseball	Baseball
Basketball	Koripallo
Bicycle	Polkupyörä
Championship	Mestaruus
Coach	Valmentaja
Game	Peli
Golf	Golf
Gymnasium	Kuntosali
Gymnastics	Voimistelu
Hockey	Jääkiekko
Movement	Liike
Player	Pelaaja
Referee	Tuomari
Stadium	Stadion
Team	Tiimi
Tennis	Tennis
Winner	Voittaja

Summer
Kesä

Beach	Ranta
Books	Kirjat
Camping	Camping
Diving	Sukellus
Family	Perhe
Food	Ruoka
Friends	Ystävä
Games	Pelit
Garden	Puutarha
Home	Koti
Joy	Ilo
Leisure	Vapaa
Music	Musiikki
Relaxation	Rentoutuminen
Sandals	Sandaalit
Sea	Meri
Stars	Tähti
Travel	Matkustaa
Vacation	Loma

Surfing
Surffausta

Athlete	Urheilija
Beach	Ranta
Beginner	Aloittelija
Champion	Mestari
Crowds	Joukkoja
Extreme	Äärimmäinen
Foam	Vaahto
Fun	Hauskaa
Ocean	Valtameri
Popular	Suosittu
Reef	Riutta
Speed	Nopeus
Stomach	Vatsa
Strength	Vahvuus
Style	Tyyli
Wave	Aalto
Weather	Sää

Technology
Teknologia

Blog	Blogi
Browser	Selain
Bytes	Tavua
Camera	Kamera
Computer	Tietokone
Cursor	Kursori
Data	Tiedot
Digital	Digitaalinen
File	Tiedosto
Font	Fontti
Internet	Internet
Message	Viesti
Research	Tutkimus
Screen	Näyttö
Security	Turvallisuus
Software	Ohjelmisto
Statistics	Tilastot
Virtual	Virtuaalinen
Virus	Virus

Time
Aika

Before	Ennen
Calendar	Kalenteri
Century	Vuosisata
Clock	Kello
Day	Päivä
Decade	Vuosikymmen
Early	Aikainen
Future	Tulevaisuus
Hour	Tunnin
Minute	Minuutti
Month	Kuukausi
Morning	Aamu
Night	Yö
Noon	Keskipäivä
Now	Nyt
Soon	Pian
Today	Tänään
Week	Viikko
Year	Vuosi
Yesterday	Eilen

To Fill
Täyttää

Bag	Laukku
Barrel	Tynnyri
Basket	Kori
Bottle	Pullo
Bucket	Ämpäri
Carton	Kartonki
Drawer	Laatikko
Envelope	Kirjekuori
Folder	Kansio
Jar	Purkki
Packet	Paketti
Pocket	Tasku
Suitcase	Matkalaukku
Tray	Tarjotin
Tube	Putki
Vase	Maljakko
Vessel	Alus

Town
Kaupunki

Airport	Lufthavn
Bakery	Leipomo
Bank	Pankki
Bookstore	Kirjakauppa
Cafe	Kahvila
Cinema	Elokuva
Clinic	Klinikka
Gallery	Galleria
Hotel	Hotelli
Library	Kirjasto
Market	Markkina
Museum	Museo
Pharmacy	Apteekki
School	Koulu
Stadium	Stadion
Store	Kauppa
Supermarket	Supermarket
Theater	Teatteri
University	Yliopisto
Zoo	Eläintarha

Toys
Lelut

Airplane	Lentokone
Ball	Pallo
Bicycle	Polkupyörä
Boat	Vene
Books	Kirjat
Car	Auto
Chess	Shakki
Clay	Savi
Crafts	Veneet
Doll	Nukke
Drums	Rummut
Favorite	Suosikki
Games	Pelit
Imagination	Mielikuvitus
Kite	Leija
Paints	Maalit
Puzzle	Palapeli
Robot	Robotti
Train	Kouluttaa
Truck	Kuka

Vacation #2
Loma #2

Airport	Lufthavn
Beach	Ranta
Camping	Camping
Destination	Kohde
Foreign	Ulkomainen
Foreigner	Ulkomaalainen
Holiday	Loma
Hotel	Hotelli
Island	Saari
Journey	Matka
Leisure	Vapaa
Map	Kartta
Mountains	Vuoret
Passport	Passi
Sea	Meri
Taxi	Taksi
Tent	Teltta
Train	Kouluttaa
Transportation	Kuljetus
Visa	Viisumi

Vegetables
Vihannekset

Artichoke	Artisokka
Broccoli	Parsakaali
Carrot	Porkkana
Cauliflower	Kukkakaali
Celery	Selleri
Cucumber	Kurkku
Eggplant	Munakoiso
Garlic	Valkosipuli
Ginger	Inkivääri
Mushroom	Sieni
Onion	Sipuli
Parsley	Persilja
Pea	Herne
Pumpkin	Kurpitsa
Radish	Retiisi
Salad	Salaatti
Shallot	Salottisipuli
Spinach	Pinaatti
Tomato	Tomaatti
Turnip	Nauris

Vehicles
Ajoneuvot

Airplane	Lentokone
Ambulance	Ambulanssi
Bicycle	Polkupyörä
Boat	Vene
Bus	Bussi
Car	Auto
Ferry	Lautta
Helicopter	Helikopteri
Motor	Moottori
Rocket	Raketti
Scooter	Scooter
Shuttle	Sukkula
Submarine	Sukellusvene
Subway	Metro
Taxi	Taksi
Tires	Renkaat
Tractor	Traktori
Train	Kouluttaa
Truck	Kuka
Van	Varebil

Virtues #1
Hyveet osa 1

Artistic	Taiteellinen
Charming	Viehättävä
Clean	Puhdas
Curious	Utelias
Decisive	Ratkaiseva
Efficient	Tehokas
Funny	Hauska
Generous	Antelias
Good	Hyvä
Helpful	Hyödyllinen
Independent	Riippumaton
Intelligent	Älykäs
Modest	Vaatimaton
Passionate	Intohimoinen
Patient	Potilas
Practical	Praktisk
Reliable	Luotettava
Wise	Viisas

Visual Arts
Kuvataide

Architecture	Arkkitehtuuri
Artist	Taiteilija
Ceramics	Keramiikka
Chalk	Liitu
Clay	Savi
Composition	Koostumus
Creativity	Luovuus
Easel	Maalausteline
Film	Elokuva
Masterpiece	Mestariteos
Painting	Maalaus
Pen	Kynä
Pencil	Lyijykynä
Perspective	Näkökulma
Photograph	Valokuva
Portrait	Muotokuva
Sculpture	Veistos
Varnish	Lakka
Wax	Parafiini

Water
Vesi

Canal	Kanava
Damp	Kostea
Evaporation	Haihtuminen
Flood	Tulva
Frost	Pakkanen
Geyser	Geysir
Hurricane	Hurrikaani
Ice	Jään
Irrigation	Kastelu
Lake	Järvi
Moisture	Kosteus
Monsoon	Monsuuni
Ocean	Valtameri
Rain	Sade
River	Joki
Shower	Suihku
Snow	Lumi
Steam	Höyry
Waves	Aalto

Weather
Sää

Atmosphere	Ilmainen
Calm	Rauhallinen
Climate	Ilmasto
Cloud	Pilvi
Drought	Kuivuus
Dry	Kuiva
Fog	Sumu
Hurricane	Hurrikaani
Ice	Jään
Lightning	Salama
Monsoon	Monsuuni
Polar	Polar
Rainbow	Sateenkaari
Sky	Taivas
Storm	Myrsky
Temperature	Lämpötila
Thunder	Ukkonen
Tornado	Tornado
Tropical	Trooppinen
Wind	Tuuli

Congratulations

You made it!

We hope you enjoyed this book as much as we enjoyed making it. We do our best to make high quality games.
These puzzles are designed in a clever way for you to learn actively while having fun!

Did you love them?

A Simple Request

Our books exist thanks your reviews. Could you help us by leaving one now?

Here is a short link which will take you to your order review page:

BestBooksActivity.com/Review50

MONSTER CHALLENGE!

Challenge #1

Ready for Your Bonus Game? We use them all the time but they are not so easy to find. Here are **Synonyms**!

Note 5 words you discovered in each of the Puzzles noted below (#21, #36, #76) and try to find 2 synonyms for each word.

Note 5 Words from *Puzzle 21*

Words	Synonym 1	Synonym 2

Note 5 Words from *Puzzle 36*

Words	Synonym 1	Synonym 2

Note 5 Words from *Puzzle 76*

Words	Synonym 1	Synonym 2

Challenge #2

Now that you are warmed-up, note 5 words you discovered in each Puzzle noted below (#9, #17, #25) and try to find 2 antonyms for each word. How many lines can you do in 20 minutes?

Note 5 Words from **Puzzle 9**

Words	Antonym 1	Antonym 2

Note 5 Words from **Puzzle 17**

Words	Antonym 1	Antonym 2

Note 5 Words from **Puzzle 25**

Words	Antonym 1	Antonym 2

Challenge #3

Wonderful, this monster challenge is nothing to you!

Ready for the last one? Choose your 10 favorite words discovered in any of the Puzzles and note them below.

1.	6.
2.	7.
3.	8.
4.	9.
5.	10.

Now, using these words and within a maximum of six sentences, your challenge is to compose a text about a person, animal or place that you love!

Tip: You can use the last blank page of this book as a draft!

Your Writing:

Explore a Unique Store
Set Up **FOR YOU!**

BestActivityBooks.com/**TheStore**

Designed for Entertainment!

Light Up Your Brain With Unique **Gift Ideas**.

Access **Surprising** And **Essential Supplies!**

CHECK OUT OUR MONTHLY SELECTION NOW!

- Expertly Crafted Products -

NOTEBOOK:

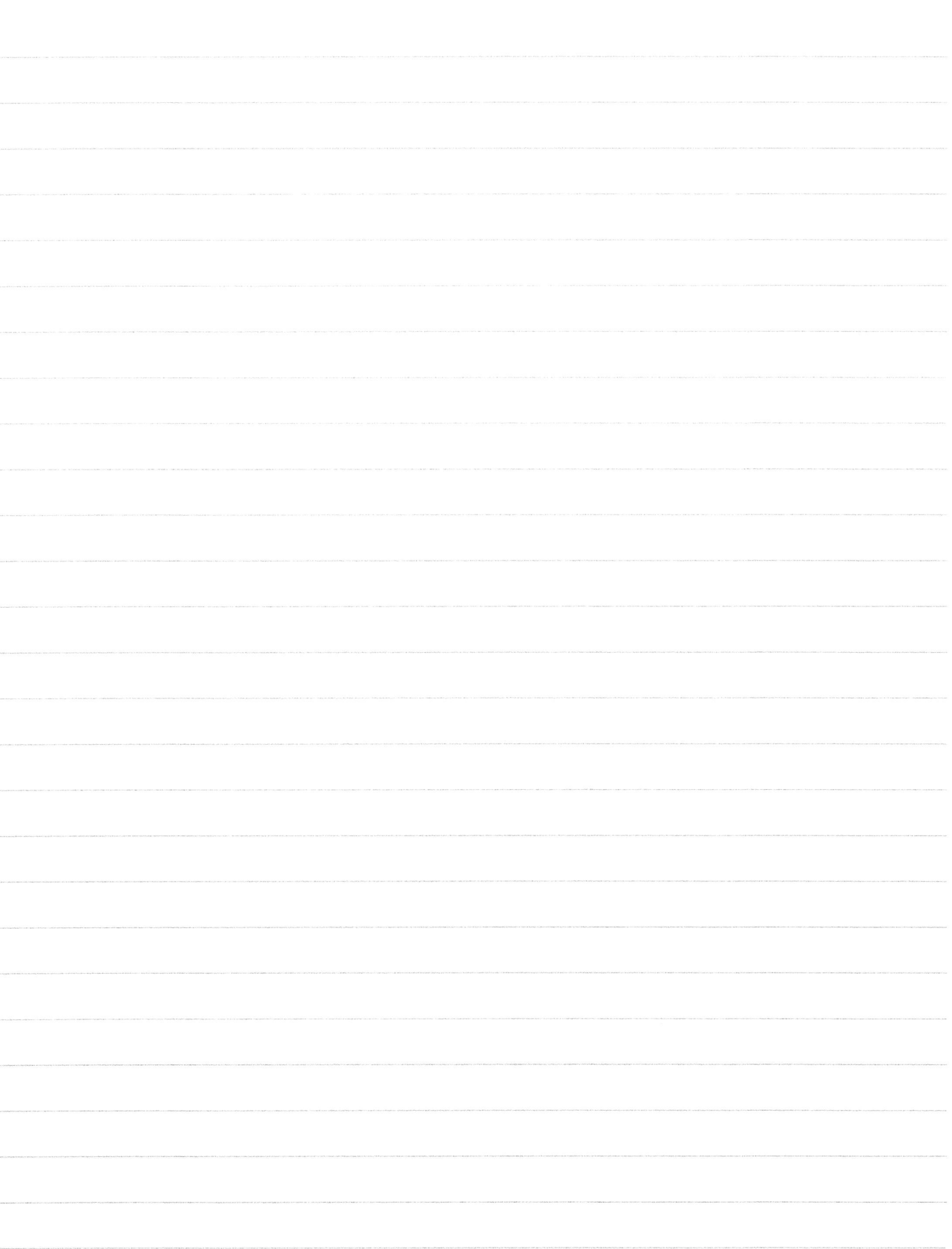

SEE YOU SOON!

Linguas Classics Team

BESTACTIVITYBOOKS.COM/FREEGAMES